글 오영석

어린이들이 재미있고 신 나게 읽을 수 있는 책을 쓰기 위해
노력하는 작가입니다. 나와 똑같이 고민하고, 실패했던
위인들의 이야기를 통해 독자들도 '할 수 있다'는 마음을 가지길
바랍니다. 《세계사 한국사》, 《과학교과 주제 탐구Q, 몸》,
《걸어서 세계 속으로 / 일본 편》을 비롯하여
웹툰『독고』, 『통』, 『레드소드』, 『전장의 시』 등의 작품을
쓰셨으며 2011대한민국 스토리 공모 대전 우수상을
수상하였습니다.

그림 툰쟁이

어린이들이 소중히 간직할 작품을 만들기 위해 열정을 쏟고
있는 학습 만화 창작 팀입니다. 툰쟁이는 어린이들에게
꿈과 희망을 주는 유익한 학습 만화를 그리기 위해 노력하고
있습니다.

감수 경기초등사회과교육연구회

 스페셜

앙겔라 메르켈

초판 1쇄 발행 2018년 2월 13일
초판 4쇄 발행 2020년 7월 30일

글 오영석 **그림** 툰쟁이 **감수** 경기초등사회과교육연구회 **표지화** 신춘성

펴낸이 김선식
펴낸곳 (주)스튜디오다산

경영총괄 김은영
콘텐츠개발본부장 채정은 **콘텐츠개발2팀** 김민지 이지양 강별 윤보황 이정아
마케팅본부장 도건홍 **마케팅1팀** 오하나 유영은 **마케팅2팀** 안지혜 이소영 **마케팅3팀** 안호성
영업본부장 오선희 **영업팀** 이선희 조지영 강민재
저작권팀 한승빈 이시은
경영관리본부 허대우 하미선 박상민 김형준 김민아 이소희 최완규 이우철

북디자인 포맷 박연주

출판등록 2013년 11월 1일 제406-2013-000112호
주소 경기도 파주시 회동길 357 2층 **전화** 02-703-1723 **팩스** 070-8233-1727
다산어린이 공식 카페 cafe.naver.com/dasankids **who? 시리즈몰** www.whomall.co.kr
종이 · 인쇄 · 제본 (주)상림문화사

ISBN 979-11-5639-715-1 14990

앙겔라 메르켈
Angela Merkel

다산
어린이

자신만의 멘토를 만날 수 있는 who? 시리즈

　다산어린이의 〈who?〉 시리즈는 어린이들은 물론 어른들에게도 재미와 감동을 주는 교양 만화입니다. 〈who?〉 시리즈는 전 세계 인류에 영향력을 끼친 인물들로 구성되었으며 인물들의 삶과 사상을 객관적으로 전해 줍니다.

　이처럼 다양한 나라와 분야에서 활약한 위인들의 이야기를 통해 과학, 예술, 정치, 사상에 관한 정보는 물론이고, 나라별 문화와 역사까지 배우게 될 것입니다. 〈who?〉 시리즈의 가장 큰 장점은 위인들이 그들의 삶에서 겪은 기쁨과 슬픔, 좌절과 시련, 감동을 어린이들이 함께 느낄 수 있다는 것입니다. 어린이들은 이 책을 읽으면서 폭넓은 감수성을 함양하게 됩니다.

　〈who?〉 시리즈의 어린이 독자들이 책 속의 위인들을 통해 자신만의 멘토를 만나 미래의 세계적인 리더로 성장하기를 진심으로 응원합니다.

존 덩컨 미국 UCLA 동아시아학부 교수

존 덩컨(John B. Duncan) 교수는 한국학 분야의 세계적인 석학으로 미국 UCLA 한국학 연구소 소장 및 동 대학의 동아시아학부 교수를 겸직하고 있습니다. 하버드 대학교 교환 교수와 고려 대학교 해외 교육 프로그램 연구센터장을 역임했으며, 주요 저서로는 《조선 왕조의 기원》, 《조선 왕조의 시민 행정의 제도적 기초》 등이 있습니다.

세상을 더 나은 곳으로 만든
사람들의 이야기

　어린이들은 자라면서 수많은 궁금증을 가지게 됩니다. 그중에서도 "저 사람은 누굴까?"라는 질문은 종종 아이들의 머릿속을 온통 지배해 버리기도 합니다. 다산어린이에서 출간된 〈who?〉 시리즈는 그런 궁금증을 해결해 주기 위해 지구촌 다양한 분야의 리더들을 소개하고 있습니다.

　〈who?〉 시리즈에 등장하는 인물들은 인종과 성별을 넘어 세상을 더 나은 곳으로 만든 사람들입니다. 어린이들은 이 책에서 디지털 아이콘으로 불리는 스티브 잡스는 물론 니콜라 테슬라와 같은 천재 발명가를 만날 수 있습니다.

　책 속 주인공들의 어린 시절 이야기를 통해 기쁨과 슬픔, 도전과 성취감을 함께 맛보고, 그들과 함께 성장하면서 스스로 창조적이고 인류에 도움이 되는 사람이 되겠다는 포부와 자신감을 갖게 될 것입니다.

　〈who?〉 시리즈 속에서 다채롭고 생동감 넘치는 위인들의 이야기를 만나 보세요.

에드워드 슐츠 하와이 주립 대학교 언어학부 교수

에드워드 슐츠(Edward J. Shultz) 하와이 주립 대학교 언어학부 교수는 동 대학의 한국학센터 한국학 편집장을 역임한 세계적인 석학입니다. 평화봉사단 활동의 하나로 한국에서 영어 교사로 근무한 경험이 있으며, 현재 한국과 미국, 일본을 오가며 활발한 활동을 펼치고 있습니다. 저서로는 《중세 한국의 학자와 군사령관》, 《김부식과 삼국사기》 등이 있고, 한국 중세사와 정치에 대한 다수의 기고문을 출간했습니다.

미래 설계의 힘을 얻는 길이
여기에 있습니다

어린이가 성장하는 시기에는 스스로 미래를 설계하며 다양한 책을
접하는 경험이 필요합니다.

어린 시절 만난 한 권의 책이 인생에 미치는 영향이 얼마나 큰지는
꿈을 이룬 사람들의 말을 통해서 알 수 있습니다. 빌 게이츠는 오늘날
자신을 만든 것은 동네의 작은 도서관이었다고 말하고, 오프라 윈프리는
어린 시절 유일한 친구는 책이었음을 고백하며 독서의 중요성에 대해
이야기합니다.

꿈을 이룬 사람들의 공통점은 또 있습니다. 그들에게는 어린 시절,
마음속에 품은 롤 모델이 있었습니다. 여러분의 롤 모델은 누구인가요?
〈who?〉 시리즈에서는 현재 우리 어린이들이 가장 닮고 싶어하는 롤
모델을 만날 수 있습니다. 버락 오바마, 빌 게이츠, 조앤 롤링, 스티브
잡스 등 세상을 바꾼 사람들의 감동적인 이야기를 담은 〈who?〉 시리즈는
어린이들이 구체적인 목표를 설정하고 희망찬 비전을 세울 수 있도록
도와줄 친구이면서 안내자입니다. 〈who?〉 시리즈를 통하여 자신의 인생
모델을 찾고 미래 설계의 힘을 얻을 수 있습니다.

송인섭 숙명 여자 대학교 명예 교수 | 한국영재교육학회 회장

숙명 여자 대학교 명예 교수이자 한국영재교육학회 회장으로
자기주도학습 분야의 최고 권위자입니다. 한국교육심리연구회
회장, 한국교육평가학회장, 한국영재연구원 원장을 역임했습니다.
자기주도학습과 영재 교육의 이론을 실제 교육 현장에 적용하기 위해
노력하고 있습니다.

평생을 이끌어 줄
최고의 멘토를 만날 수 있는 책

　　10대에 가장 중요한 것은 무엇일까요? 학과 공부와 입시일까요?
우리나라 최초의 국제회의 통역사로 30년 동안 활동하면서 글로벌
리더들을 만날 기회가 수없이 많았던 저는 대한민국의 초등학생들에게
특별한 조언을 해 주고 싶습니다. 그것은 큰 꿈을 가지는 것이 무엇보다
중요하다는 것입니다.

　　꿈은 힘들고 지칠 때 나를 이끌어 주는 힘이고 내 인생의 주인이 되어
일어설 수 있게 하는 원동력이 되어 줍니다. 꿈이 있는 아이가 공부도
잘하고 결국 그 꿈을 실현할 수 있게 되는 것입니다. 저 역시 어린 시절
품었던 꿈이 지금의 자리에 있게 한 원동력이었습니다. 남들이 모르는 큰
꿈을 마음속에 간직하고 있었기에 괴롭고 힘들어도 포기하지 않고 다시
일어설 수 있었습니다.

　　어린 시절 저에게도 힘들고 지칠 때마다 용기를 불어넣어 주고
힘이 되어 주었던 분들이 있었습니다. 지금의 자리로 저를 이끌어 준
멘토들처럼 〈who?〉 시리즈에서 여러분의 친구이자 형제, 선생이 되어 줄
멘토를 만날 수 있기를 바랍니다.

최정화 한국 외국어 대학교 교수 | 우리나라 최초 국제회의 통역사

우리나라 최초의 국제회의 통역사로 현재 한국 외국어 대학교
통번역대학원 교수로 재직 중입니다. 세계 무대에서 자신의 꿈을
이룬 여성 신화의 주인공으로, 역시 세계에서 꿈을 펼치려고 하는
청소년들에게 멘토의 역할을 충실히 하고 있습니다. 저서로는 《외국어,
내 아이도 잘할 수 있다》, 《외국어를 알면 세계가 좁다》, 《국제회의
통역사 되는 길》 등이 있습니다.

어린이의 꿈을 키워 주는
훌륭한 안내자를 소개합니다

자녀의 꿈이 무엇인지 알고 있어도 대한민국 학부모들에게 자녀의 꿈보다는 학교 성적이 우선인 것이 현실입니다. 멋진 꿈을 가지고 있어도 성적이 나쁘면 실현 가능성이 낮다고 생각하기 때문입니다.

하지만 정말 그럴까요? 하고 싶지 않은 공부를 의지만 가지고 하는 사람은 언젠가 한계를 느끼지만, 이루고 싶은 것을 위해 노력하는 사람의 마음속에는 열정이 생겨 더 열심히 노력하게 됩니다. 쉽고 재미있는 이야기를 통해 마음속으로 열정을 키울 수 있는 좋은 책이 나왔습니다. 이 책을 읽은 많은 어린이들이 큰 꿈을 품고 자신의 미래를 그리며 열정을 키우게 되었다고 말합니다.

의지를 주문하기보다 열정을 가질 수 있도록 다양한 기회를 제공하는 학부모들의 현명한 선택을 위해 이 책을 추천합니다. 하기 싫은 걸 억지로 공부하는 자녀가 아니라 정말 열정적으로 공부하는 자녀의 모습을 기대한다면 부모님의 잔소리를 대신하여 훌륭한 길잡이가 되어 줄 〈who?〉 시리즈를 만나 보시기 바랍니다.

박재원 행복한 공부연구소 소장

한국형 두뇌 기반 학습을 연구 개발한 학습 전문가입니다. 행복한 공부연구소 소장으로 강연, 집필, 방송 출연 등 다양한 활동을 하고 있습니다. 저서로는 《공부가 즐거워지는 기적의 두뇌 학습법》, 《중학생이 되기 전에 꼭 잡아야 할 공부 습관》시리즈, 《가정이 대안이다》시리즈 등이 있으며 《핀란드 교실 혁명》의 번역 및 해설을 했습니다.

해외 석학들과 전문가들이
극찬을 아끼지 않은 책

다산어린이에서 출간된 〈who?〉 시리즈는 개인적으로도 무척 반가운 책입니다. 김대중 전 대통령을 청와대에서 가까이 모시면서, 반기문 유엔사무총장이 외교통상부 장관으로 재임하던 시절 국회의원으로서 함께 활동하면서 그분들의 훌륭한 점을 많이 봐 왔기 때문입니다.

전 세계 다양한 분야의 지도자들이 성공에 이르기까지의 과정을 학습만화로 그린 〈who?〉 시리즈의 인물들이 어떻게 시련과 역경을 극복했는가를 잘 보여 주는 이 책은 이 시대를 살고 있는 모든 어린이들에게 매우 유익합니다.

저는 'who?를 사랑하는 모임'의 대표로서 많은 해외 석학들과 국내 전문가들에게 이 책을 소개했고, 그때마다 놀라운 반응이 이어졌습니다. 하버드 대학의 에드워드 베이커 전 한국학 연구소장도, 미주 이민 110주년 기념 사업회의 책임자도, 세계 한인 회장단의 공동회장도, 국내의 도서관장들도 모두 〈who?〉 시리즈를 접하고 극찬을 아끼지 않았습니다. 어린이들의 원대한 꿈을 실현시켜 주는 힘을 지닌 〈who?〉 시리즈가 머지않은 미래에 한국은 물론 전 세계의 모든 가정에 영향력 있는 책으로 자리매김하리라 확신하며, 이 책을 추천합니다.

최 성 전 경기 고양시장 / 'who?를 사랑하는 모임' 대표

최 성 전 경기 고양시장은 청와대 외교안보비서관과 17대 국회 의원을 지냈습니다. 미국 존스홉킨스 대학 교환 교수 등을 역임하며 세계 3대 인명 사전 중 2곳에 게재된 바 있으며, 현재 'who?를 사랑하는 모임'의 대표로도 활동하고 있습니다.

차 례

Angela
Merkel

1 동독으로 간 아버지

1954년 7월 17일 서독 함부르크의 작은 마을. 목사인 카스너와 헤를린트 사이에서 한 여자아이가 태어났습니다. 이 아이가 앙겔라 카스너입니다.

앙겔라, 이걸 보렴?

까르르

앙겔라가
잘 노네.

밤이 깊었어요.

그러게……
오늘 밤은 꽤나 길군요.

후
우

정말로 동독으로
들어갈 거예요?

동독의 목회자들은
자유를 찾아
서독으로 넘어오고 있는데
반대로 동독으로
들어가겠다니요?

난 목회자요. 목회자로서 동독에서 종교가 사라지는 걸 두고 볼 수만은 없어요. 그것이 위험한 길이라 해도 옳은 길이면 가야 하오.

그렇다고 해도 너무 위험해요.

헤를린트, 걱정하는 마음은 알겠어요.

탁

하지만 나라가 강제로 종교를 없애는 것과 개인이 종교를 갖지 않는 것은 달라요. 동독은 종교의 자유를 침해하고 있어요.

동독 사람들에게 단순히 신의 말씀을 전하려는 게 아니에요. 정부에 의해 탄압되는 걸 막으려는 거요.

1954년, 당시 독일은 동독과 서독으로 나뉘어져 있었습니다.

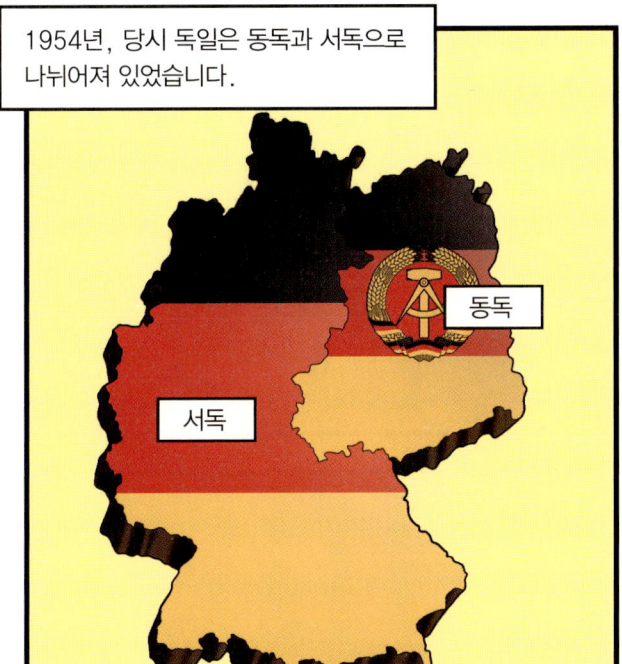

이는 1945년 제2차 세계 대전이 끝난 이후 승전국인 미국, 영국, 프랑스, 소련이 독일 관리 이사회를 결성해 패전국인 독일을 네 구역으로 나누어 통치했습니다.

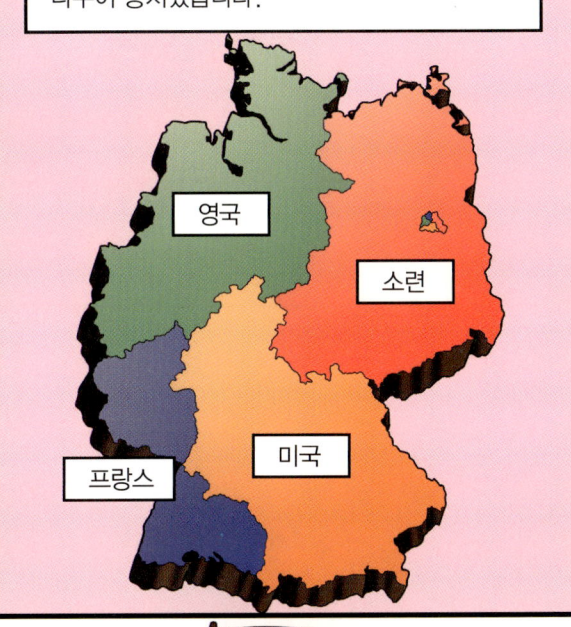

하지만 소련이 자신의 통치 구역인 동독 지역을 공산화하면서 이사회에서 탈퇴했기 때문입니다.

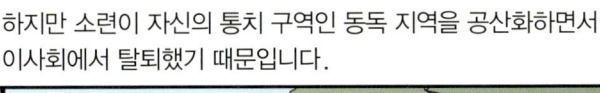

우리가 통치하던 동독 지역은 공산주의 국가로 거듭날 것이다.

서방의 세 나라가 통치하는 지역과의 통로는 완전히 봉쇄한다.

공신주의는 종교를 인징하지 잃있으므로 동독 지역의 목회자들은 서독으로 탈출하고 있었습니다.

하지만 앙겔라의 아버지 카스너는 반대로 서독에서 동독으로 이주할 것을 결심합니다.

앙겔라, 어렵고 험하더라도 옳은 길을 가야만 해. 너도 언젠가는 날 이해해 줄 거야.

까르

카스너는 동독의 크비트초프에서 사역을 시작해 3년 후 템플린 시 외곽의 발트호프로 거주지를 옮겼습니다.

부르릉

어?

아빠아!

어이쿠. 우리 공주님, 재미있게 놀았어?

여보! 오늘은 왜 이렇게 빨리 왔어요?

들어가서 이야기합시다.

후우……
피곤하군.
먹을 것 좀 없소?

앙겔라 옷이 필요해요.
신발도요. 애가 하루가
다르게 커요.

그렇군.
마련해 보지.

아빠,
아빠 교회에는
왜 사람이 없어요?

응?

항상 사람이
없던 걸요?

미안하구나. 어린 너까지 고생을 시켜서.

탁

흠..

그런 눈으로 보지 말아요. 다 이야기 할 테니.

동독은 공산주의 사회여서 종교를 인정하지 않았습니다. 때문에 카스너의 사역은 늘 어려움에 부딪혔습니다.

당신도 알잖소. 동독 정부가 목회자들에게 어떻게 대하는지. 온갖 방해로 복음을 전하는 데 한계가 있소.

그래요. 교회에 가는 사람을 감시하기도 하고 행사 허가를 내줬다가 취소하기도 했죠.

이 나라는 교회가 번성하는 걸 원하지 않소. 그래도 이번에 좋은 기회를 얻었다오.

인근에 학교가 폐교되었는데, 그 학교에 다니는 장애아들을 앞으로 우리 교회가 돌보게 되었소.

네?

비용은 들지만, 이렇게라도 하지 않으면 교회를 유지하기가 어렵소.

당시에는 장애인 복지 정책이 자리 잡지 못하고 있었기 때문에 장애인을 돌보는 시설도 미비했고, 장애인을 돌보는 사람이나 비용도 부족했습니다.

또한 장애인에 대한 편견이 심해 비장애인들은 장애인들과 함께 어울리려고 하지 않았습니다.

어쩌자고 저런 사람이 거리에 나오는 거야?

얼마 후, 카스너의 교회는 장애아들로 가득 찼습니다.

웅성 웅성

주님께서는 말씀하셨습니다.

여기 너희 중에 죄 없는 자가 있다면 저 여인을 돌로 쳐라. 그러자, 누구도 선뜻……

앙겔라, 엄마 말 잘 기억하고 있지?

앙겔라,
놀리지 말랬잖니.

아니, 아니요!
저거요, 저거.

대체 뭘 보라는
거니?

언니 머리띠가
엄청 예뻐요!

응?

저기, 언니!
나 그거 좀
해 봐도 돼?

이거?

응! 응!

깜짝 놀랐네.

여보!

걱정했던 것보다 보기 좋네요.

그렇군요. 앙겔라도 잘 어울리고.

까르르

호호호

아이라서 순수한 것 같아요. 당신은 힘들지 않아요?

다행히 아이들의 부모님들이 많이 도와주고 있어요. 그래서 말인데…… 좀 더 다양한 프로그램을 짜 볼까 해요.

다양한 프로그램이라면?

음, 장애아들이 자라서 자립할 수 있게 기술을 가르칠 생각이에요.

그림이나 음악, 시에 소질이 있는 학생은 그쪽으로 키워 주고.

좋은 생각이긴 한데 우리가 하기에는 힘들지 않을까요?

하하, 선생님들을 초빙해야지.

카스너는 설교를 하는 한편, 장애아들이 스스로 자립할 수 있도록 다양한 수업을 시작했습니다.

자, 여러분. 이건 바느질의 기본인 홈질이에요. 일정하게 규칙적으로 바느질을 하는 거죠.

수업이 끝난 장애아들은 부모님들이
데리러 오기 전까지 교회에서
놀았습니다. 앙겔라는 그런 아이들
사이에서 자연스럽게 어울렸습니다.

카스너는 주말이면 장애아 가족들과
함께 파티를 하기도 했습니다.

언니!

이것 봐, 개구리야.
언니한테 보여 주려고
잡아 왔어.

개
굴

고마워, 앙겔라.
충분히 봤으니
이제 놓아주자.

응.

언니, 저기 가 보자.
예쁜 꽃들이
엄청 많아.

응? 내가
가기엔 먼데?

내가 부축해
줄게.

그럼 좋아.

장애인들과 자연스럽게 어울리는 분위기에서 자란 앙겔라는 사람에 대한 편견과 차별의 시선을 자신도 모르는 사이에 걷어 내고 있었습니다.

앙겔라 메르켈의 성공 열쇠

기자 회견을 하는 메르켈

앙겔라 메르켈 (1954년 7월 17일~)은 독일 최초 여성 수상으로, 2005년부터 현재까지 제8대 총리를 역임하고 있는 존경받는 정치가입니다. 앙겔라는 원래 동독의 물리학자였으나, 동서독 통일 과정에서 정치에 뛰어들어 야당과의 대연정을 구성하여 독일 총리가 되었습니다. 2017년 현재, 4번 연이어 총리직을 수행하고 있으며 독일을 넘어 유럽의 지도자로 인정받고 있습니다.

포브스지는 앙겔라를 2006년부터 2017년까지 12년 동안 "세계에서 가장 영향력 있는 여성 1위"에 11번 선정하였습니다. 또한 타임지는 2015년 '올해의 인물'로 선정하기도 하였습니다.

이제 앙겔라의 일생을 통해 무엇이 그를 성공으로 이끌었는지 살펴보겠습니다.

2015년 타임지에 올해의 인물로 선정되었습니다.

하나 주체성

앙겔라는 독일 함부르크에서 출생했습니다. 함부르크는 서독에 있는 도시자면, 목사인 아버지 카스너가 동독으로 이주를 결심하면서 동독에서 자라게 됩니다. 친척들은 거의 서독에 있었기 때문에 앙겔라는 우편으로 서독의 잡지와 물건들을 자주 접할 수 있어 동독에 살면서도 서독의 자유로움을 맛볼 수 있었습니다. 그래서 앙겔라는 주체적인 의식을 갖고 공산주의를 비판하며, 자신이 옳다고 생각하는 일을 과감히 행하는 등 스스로 판단하며 행동할 수 있게 되었습니다.

공산주의 사회에서 소련은 절대적으로 영향을 끼치고 있었고, 동독에 살고 있던 앙겔라 역시 러시아어를 완벽하게 구사하며 소련에 대한 애정을 가지고 있었지만, 프라하의 봄 사태를 본 이후 소련을 비판하게 되지요. 이처럼 스스로 상황을 파악하고 결단을 내리는 주체성은 앙겔라를 인생의 여러 갈래 길에서 올바른 방향으로 이끌었습니다.

둘 결단력

앙겔라는 대학 시절 동독 정부의 폐쇄적인 공산주의 정책에 실망해 시위에 참여하기도 하였으나 곧 현실을 받아들이고 물리학자로서 평범하게 생활하게 됩니다. 이 시기는 어린 시절에 돋보였던 자유로움과 주체성이 가장 발현되지 않았던 시절이기도 합니다.
하지만 동서독의 관계가 좋아지면서 통일 독일을 위해 일을 해야 할 사람이 점점 더 필요한 시기가 되자 앙겔라는 직장을 그만두고 정치로 뛰어들었습니다.
앙겔라는 동독에서 살았지만 서독의 자유주의 정신도 함께 가지고 있었기 때문에 통일 독일을 위해 동독과 서독을 모두 잘 아는 자신의 역할이 있다고 믿었고 그 역할을 선택하는 것에 주저하지 않았습니다. 앙겔라는 1989년, 기민당에 입당함으로써 미래를 알 수 없는 정치계에 뛰어들었는데,

독일 국기와 메르켈 총리

who? 지식사전

프라하의 봄

체코의 정치인 알렉산드르 둡체크는 1968년 공산당 제1서기가 된 후 체코의 민주화를 시도하였습니다. 그리하여 체코에는 언론·출판·집회의 자유가 보장되는 '프라하의 봄'이 유지되었습니다.
그러자 소련은 군대를 동원하여 무력으로 체코의 민주화를 막으려 하였고, 체코 시민들은 소련을 상대로 비폭력 저항했습니다. 하지만 프라하의 봄은 결국 소련의 군사 침공으로 좌절되고 말았습니다. 이후 1989년 체코는 다시 한번 민주화 운동을 벌여 마침내 공산정권을 무너뜨리고 민주화를 이뤄냈습니다. 이 혁명을 '벨벳혁명'이라고 합니다.

프라하의 봄 당시 분신한 두 학생의 기념비

이미 그때 35세였습니다. 앙겔라는 그동안 연구소에서
학자로써 쌓아온 경력과 안정된 삶을 버리고
새로운 인생의 길을 선택한 것입니다.

패션으로 알 수 있는 메르켈 총리의 수수함

셋 열린 마음

아버지 카스너가 교회에서 벌인
사역 중에는 장애아를 돌보는
일이 있었습니다. 그리하여 어린
앙겔라는 어릴 때부터 장애아들과 격의
없이 어울렸습니다. 당시엔 장애인 차별이
남아 있던 시절이어서 이런 환경은 앙겔라가 모든 이들에게
차별 없는 열린 마음을 갖게 하는 밑거름이 되었습니다.
이런 열린 마음은 이후 앙겔라가 정권을 잡을 때에
사민당과의 대연정을 구성하는 데에도 영향을 끼칩니다.
추구하는 가치가 다른 당이 서로의 의견에 반대하고 싸우는
것이 당연하기 때문에, 다른 당과 내각 구성을 함께 하는
'연정'은 쉽지 않은 일이었습니다. 하지만 앙겔라는 자신과

의회에 참석한 메르켈 총리

who? 지식사전

독일 총리 앙겔라 메르켈의 성공 리더십 10

① 원하는 것은 권력이 아니라 '성공'
앙겔라 메르켈은 정치를 통해서 권력이 아니라 승리(성공)을
원했고, 모든 힘을 성공에 쏟았습니다.
② 견실한 교육의 힘
앙겔라 메르켈은 종교적 탄압이 있는 공산주의 동독에서
개신교 목사의 딸로 자랐습니다. 그래서 훗날 총리로
활동하는 데 꼭 필요한 자제심과 기다림을 배웠습니다.
③ 자신이 속한 곳에서 최고가 되어라
앙겔라 메르켈은 전형적인 남성 중심의 당을 어떻게
차근차근 정복해 당수가 되었는지에 대해 말합니다. 작은

발걸음으로 적절한 시기를 포착하며 조금씩 나아가 결국 당
최고의 자리에 올랐습니다.
④ 강력한 여성 네트워크를 이용하라
정치계에서 여성이라는 점이 약점으로 작용할 수도 있지만,
앙겔라 메르켈은 이를 잘 이용하여 그녀와 함께하는 강력한
여성 네트워크를 조직하였습니다.
⑤ 자연과학으로 생각하라
물리학자였던 앙겔라 메르켈은 정치를 실험의 과정처럼
관찰하고 상황들을 분석합니다. 섣불리 판단하거나 행동하지
않습니다.

반대 성향인 야당에도 좋은 정책이 있다면 받아들이고
추진하는 데 주저하지 않았습니다. 이러한 포용력을
통해 2005년부터 현재까지 독일 수상의 자리를 지키고
있습니다.

직접 장을 보는 메르켈 총리

넷 소탈함

앙겔라는 최악의 패션 감각을 자랑합니다.
헤어스타일은 수십 년째 같은 단발머리이며 낡은 옷을
수선하여 입고 공식석상에 나가기도 하였습니다.
이렇듯 한 나라의 최고 권력자이지만 사치를 모르는
앙겔라는 옷에는 관심이 없어 보입니다. 휴가를 즐기는
앙겔라의 패션이 몇 년째 그대로인 것이 화제가 되기도
했습니다. 앙겔라는 아파트에 살고 있으며 집무가 끝나고
집으로 돌아가는 길에 동네 슈퍼마켓에 들러 장을 봅니다.
그리고는 다른 사람들과 똑같이 줄을 서서 차례를 기다렸다가
계산을 합니다. 독일 사람들은 그의 이러한 소탈함을 사랑하고
있습니다.

⑥ **남성들을 읽어라**
정치계의 많은 남성들의 움직임을 예측하고 그 상황에 어떻게
대응할 것인지 계획합니다.

⑦ **위험을 최소화시켜라**
앙겔라 메르켈은 안전을 최우선으로 삼습니다. 즉흥적인
행동을 피하고 반복해서 점검함으로써 위험을 피합니다.
승리하는 것보다 실패하지 않는 것이 더 중요합니다.

⑧ **갈등 사이에 다리를 놓아라**
개인적인 삶에서 대립되는 상황을 겪었을 때도 하나로
힙지면서 해결책을 찾았습니다. 잉겔라 메르겔은 진 독일의
갈등을 중재하기 위해 다리를 놓고 있다고 이야기합니다.

⑨ **해적 정신**
"나는 아무것도 두렵지 않아!"라고 외치는 앙겔라 메르켈을
여자 해적에 비유하기도 합니다. 자신을 묶어 두지 않고
냉철함을 가진 메르켈이 여자 해적 정신을 갖고 있다고
말합니다.

⑩ **치밀하게 계획하고 행동하라**
앙겔라 메르켈의 특징적인 정치 스타일은 일정표를 계획하고
그것에 따르는 것입니다. 즉 그녀는 기회를 포착하는 일과
계획을 세우는 일을 직질이 조질하는 징치가입니다.

2 베를린 장벽

몇 년 후, 아버지의 교회에는 사람들의 발길이 끊어졌습니다. 동독과 서독의 관계는 나날이 악화되었는데 이 여파로 동독은 종교에 대한 강압을 점점 강화했기 때문입니다.

아빠…… 이제 언니, 오빠들을 볼 수 없어요?

아니. 그렇지 않아.

그럼 언제 볼 수 있어요?

그…… 그건……

아무런 대답을 하지 못하는 아버지를 보고 앙겔라는 무엇인가 잘못되어 가고 있다는 걸 느꼈습니다.

동독과 서독의 관계가 나날이 나빠지자, 수도 베를린을 통해 동독 사람들이 서독으로 망명하는 숫자가 늘어났습니다.

자유다!

에잇!

독일의 오랜 수도인 베를린은 독일이 동, 서독으로 나눠진 이후에도 미국, 소련, 영국, 프랑스 4개국이 함께 통치하고 있었기 때문입니다.

1961년 8월 13일. 마침내 소련은 베를린에 길고 높은 벽을 세웁니다.

동독인들이 서독으로 넘어가지 못하게 해야겠어.

이것을 베를린 장벽이라 합니다. 베를린 장벽이 세워진 이후 동독인들은 쉽게 서독으로 탈출할 수 없게 되었습니다.

이런 분위기 속에 동독의 개신교 탄압 수위는 점점 높아지고 있었습니다. 목사의 자녀들은 대학에 들어가는 데 제한을 받았고…….

너 목사 아들이지? 일단 입학 보류.

UNIVERSITY

목사 집안의 사람들은 직업을 구하기도 어려웠습니다.

집안에 목사가 있다고? 자네는 직업을 가질 수 없네.

면접

또한 교회에 대한 국가 보조금도 삭감했습니다.

나라에서 교회 씨를 말리려고 하는군. 이제 한계야.

분명 다른 방법이 있을 겁니다.

이로 인해 앙겔라의 가족도 어려움을 겪기 시작했습니다.

큰일이야. 이래서는 생활이 되지 않아.

한편 동독의 목회자들은
동독 정부의 방해로
신도들이 교회에 오지 않자
직접 거리로 나서 신도들을
만나려고 했습니다. 이에
기차역 선교회를 적극
활용해 선교를
시작했습니다.

교회로
나오십시오, 여러분.
교회에서 복음을
들으세요.

삑
삑

여기
책임자가 누구요?

왜 그러십니까?

기차역에서의 선교는
금지되었소.

아니,
어떤 공공장소에서도
선교는 할 수 없소.

네?

당장 돌아들 가시오.

어엇...

돌아가지 않으면 모두 체포하겠소!

앙겔라, 요즘은 네가 웃는 모습을 볼 수가 없구나.

같이 놀던 친구들도 없고 아빠도 선교하느라 집에 잘 안 들어오시니까요.

동생들과 놀면 되잖니.

앙겔라에게는 마르쿠스, 이레네라는 두 동생이 있었습니다.

앙겔라는 아버지를 기다리다 지쳐
동생들과 함께 잠들곤 했습니다.

그러던 어느날

동독 개신교 연맹은 사회주의와 맞설 생각이 없으며 사회주의 안의 교회를 지향합니다.

이게 무슨 소리야?

사회주의 안의 교회라니? 결국 교회가 정부에 굴복했군.

동독 개신교 연맹의 성명 발표는 동독의 개신교를 분열시켰습니다.

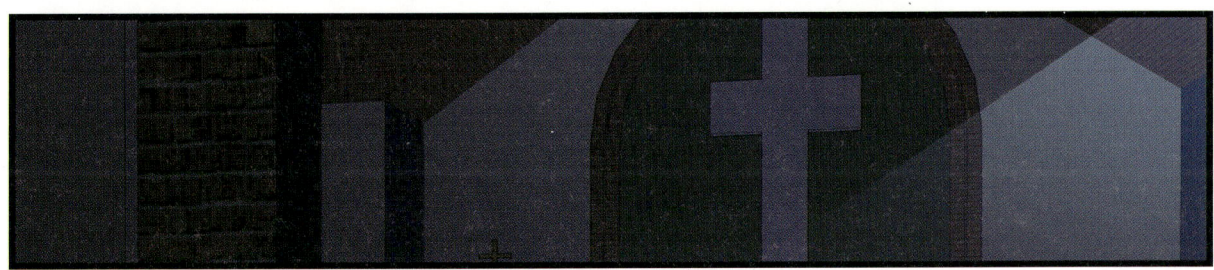

그 날 이후, 정부는 카스너에게 목회 일을 허락했습니다. 동독 정부 정책에 방해가 되지 않을 거란 것을 확인했기 때문이었습니다.

그런 카스너에게 많은 비판이 따랐습니다.

카스너는 목회일에 매진했습니다. 그러다보니 집에 들어오는 일이 점점 줄어들었고, 집에 들르면 앙겔라는 기뻐하며 달려갔습니다.

아빠!

앙겔라, 뛰어다니지 말아라. 너도 이제 숙녀야.

네?

야단치지 말아요. 앙겔라는 하루종일 아빠만 생각하고 있다고요.

그래도 장녀 아니오? 이제 의젓해져야지.

어리광
부리지 마라.

아버지는 어찌된 일인지 점점 엄격해졌습니다. 앙겔라는
아버지가 엄격해지는 것이 속상했습니다.

그러던 어느 날

야, 저것 봐.
앙겔라다.

쟤네 아버지
정부에 굴복했다며?
큭큭!

아니에요. 동생들이랑 놀게요.

왜 저러지?

카스너의 목회 일은 점점 바빠져 멀리 출장을 가기도 했습니다. 한번 출장을 가면 열흘씩 돌아오지 않았기 때문에 앙겔라는 더더욱 아버지의 정을 느낄 수 없었습니다.

아무래도 안 되겠어.

시무룩

앙겔라, 최근에 네가 웃는 모습을 본 적이 없구나. 혹시 안 좋은 일이라도 있니?

말해 보렴. 엄마가 다 들어줄게.

아빠가…… 미워요.

뭐? 왜 아빠가 미워?

집에 안 들어오잖아요. 들어와도 나랑 놀아주지 않아요.

그리고 사람들이 아빠를 욕해요. 양심을 팔았대요.

주륵

지금 앙겔라의 마음을 다잡지 못하면 이 아인 결국 삐뚤어질 거야.

앙겔라, 내 말 잘 들어.

아빠는 양심을 판 게 아니야.

넌 잘 모르겠지만 이 나라에서 사역하기란 쉽지 않아.

그래서 많은 목사님들이 서독으로 망명하거나 목사일을 그만두었단다. 하지만 아빠는 사역을 하는 게 더 중요하다고 생각해서 동독으로 온 거고, 복음을 전할 수 있는 방법을 선택한 거야.

하지만 이 나라엔 목사가 부족하고 아빠는 복음이 필요한 곳으로 다니다보니 집에 오기 힘드실 정도로 바쁘신 거란다. 하지만 아빠는 훌륭한 분이야. 무엇보다 아빠는 앙겔라를 사랑해.

어머니는 외로워하는 앙겔라가 혹여나 삐뚤어지지 않을까 대화를 자주 나누었습니다. 아버지의 정을 그리워하던 앙겔라는 어머니로 인해 안정을 찾을 수 있었습니다.

또한 부모님께 의지하지 않고 혼자서 무엇이든 척척 해내는 독립적인 성향을 띠게 되었습니다.

제2차 세계 대전과 독일

대중들에게 연설하는 히틀러

제2차 세계 대전 당시 독일군

하나 제1차 세계 대전의 종료와 바르샤바 조약

제1차 세계 대전은 동맹국(오스트리아–헝가리제국, 독일제국, 오스만제국, 불가리아 왕국)과 연합국(영국, 프랑스, 미국, 이탈리아, 일본 등의 약 30여 개국) 사이에 발발한 전쟁으로 1914년부터 1918년까지 벌어졌던 세계 대전입니다. 전쟁은 동맹국의 패배로 끝났으며 연합국은 동맹국에 전쟁을 일으킨 책임을 물어 보복 조치를 시행하였습니다.

그래서 1919년 민족 자결주의를 표방한 바르샤바 조약이 체결되었고, 패전국이었던 독일은 이로 인해 식민지를 모두 잃게 되었습니다. 영토 중 알사스와 로렌 지역은 프랑스에, 슐레지엔과 포즈난 지역은 폴란드에 내주었으며 막대한 전쟁 배상금까지 떠안아야 했습니다. 이로 인해 독일은 경제가 몰락했고 국민은 큰 고통을 겪게 되었습니다.

이렇게 되자 독일은 전쟁에서 패배하기 전의 강력한 나라로 되돌아가려고 하는 의지가 매우 강해졌으며 점차 외세를 배제하고 독일인끼리 잘 살아야 한다는 민족주의적 성향을 강하게 띠게 됩니다. 이때 나타난 사람이 아돌프 히틀러입니다.

둘 히틀러와 제2차 세계 대전

히틀러는 독일을 빠르게 민족주의, 나아가 타민족에 대한 차별과 독일 우선주의를 선동하면서 독일을 지배하게 됩니다. 히틀러는 꿈꾸던 독일의 세계 정복을 실현할 목적으로 1939년 9월 1일 폴란드를 침공합니다. 이것이 2차 세계 대전의 시작입니다.

셋 제2차 세계 대전의 경과

전쟁을 일으킨 독일은 2년여 만에 유럽 전역을
독일의 영토로 만듭니다. 독일의 전쟁 발발에
호응한 나라는 이탈리아와 일본이었습니다. 그래서
이 세 나라를 '추축국'이라고 합니다.
이때 독일은 소련과는 상호 불가침 조약을
맺은 우호 관계였고, 미국은 전쟁이 유럽에서
일어났으므로 중립을 표방하며 참여하지
않았습니다. 그리하여 전쟁은 히틀러의 뜻대로
전개되는 것 같았습니다.

독일의 강제수용소이자 집단학살수용소인 아우슈비츠 수용소

넷 일본의 진주만 폭격

중립을 지키던 미국이 전쟁에 참가하게 되는 계기가
되는 사건이 있었습니다. 바로 '진주만 사건'입니다.
진주만은 하와이 오아후 섬에 있는 미국 영토인데,
이곳에 있는 미군 기지를 1941년 12월 7일 아침,
일본이 기습 공격하였습니다.
독일과 함께 추축국의 일원이었던 일본은 아시아
지역에서 영향력을 넓히고자 하는 야욕을 갖고
있었습니다. 일본이 중일전쟁에서 승리한 후 중국에
대한 영향력을 점점 넓혀가자, 미국과 영국은 일본을
경계하여 일본에 석유를 수출하는 것을 금지하고 미국
내 일본 자산을 동결시키는 등 일본을 압박합니다.
이에 일본은 미국의 진주만을 기습 공격하여 미군에 커다란
타격을 입힙니다. 그러나 미국은 곧 복구를 하여 반격을
시작했고, 이는 미국이 제2차 세계 대전에 본격적으로
뛰어드는 계기가 됩니다.

일본의 진주만 침공

독소전쟁

독일이 폴란드를 침공해 제2차 세계 대전을 일으키기 약 일
주일 전인 1939년 8월23일, 독일과 소련은 서로를 침략하지
않고 우호 관계를 다지는 '독소불가침 조약'을 맺습니다.
이는 소련이 전쟁에 개입할까 봐 미리 손을 쓴 히틀러의
기만책이었습니다.
히틀러는 전쟁 2년여 만에 섬나라인 영국을 제외하고
유럽 전역을 영향력 아래에 두게 되자 소련을 침략하기로
마음먹습니다.
독소전쟁은 1941년, 독일이 소련을 기습 공격하면서 시작되어
4년간 지속됩니다. 독소전쟁은 투입된 물적 자원과 인력이
그 어떤 전쟁보다도 압도적이었지만, 잔인함도 이루 말할 수
없을 정도였습니다. 독일군이 소련을 초토화시키고 악랄한
범죄를 일으켜 소련 사람들의 독일에 대한 적대감은 대단히
커졌습니다.
전쟁이 진행될수록 히틀러는 정상적이지 않은 전략을 계속
펼쳤고, 결국 이 전쟁의 최후 승리자는 소련이 되었습니다.
이 전쟁의 패배 후 독일은 급속도로 무너지게 됩니다.

러시아 모스크바의 대조국전쟁(독소전쟁)
광장의 승리 기념비

who? 지식사전

베를린 장벽

베를린 장벽

미국, 영국, 프랑스, 소련은 독일을 4개로 나누면서 독일의 수도인 베를린도 역시 4개의
행정 구역으로 나누었습니다.
처음엔 동서베를린에 장벽은 없었습니다. 하지만 동베를린에서 서베를린으로 250만
명이 수년에 이어 계속 탈출하자 동독은 1961년 8월 동 서베를린의 경계에 벽을
설치하고 이후 계속 확장해 나갑니다. 이로서 베를린 장벽은 동서베를린을 명백히
갈라놓았을 뿐만 아니라 냉전 시대의 상징이 되었습니다.
이렇게 만들어진 베를린 장벽은 1989년 동서독 간의 여행이 자유로워질 것이라는 동독
정부의 발표를 통일이 된 것이라 오해한 독일인들이 장벽을 부수면서 갑자기 붕괴되게
됩니다. 이로 인해 동서독의 통일 절차가 빠르게 진행되었습니다.

여섯 　제2차 세계 대전의 끝

독소전쟁에서 패한 독일은 연합국의 총공세에
맞닥뜨렸지만 결국 독일은 1945년, 연합군과 소련에
의해 무너져 항복하였습니다. 일본은 태평양 전선에서
전쟁을 계속하며 버티다가 결국 미국이 히로시마와
나가사키에 원자폭탄을 투하하자 항복하게 됩니다.

1945년, 히로시마 원폭 피해 참상

일곱 　제2차 세계 대전 후의 독일

독일을 패망시킨 건 연합군과 소련이었습니다. 전쟁이 끝나자
연합국인 미국, 영국, 프랑스과 소련이 독일을 4개로 분할하여
관리하게 됩니다. 독일의 수도인 베를린도 역시 4개의 행정
구역으로 나뉘어졌습니다. 이들 연합국들은 독일을 분할 관리
후 다시 독일에 자치를 넘겨 줄 생각이었으나 소련과는 의견
통일이 되지 않았습니다. 이에 연합국들이 관리하던 서쪽은
1949년 서독으로, 소련의 관리 지역이었던 동쪽은 동독으로
나뉘어져 분단국가가 되었습니다.

일본 나가사키 원폭 당시 핵버섯구름

여덟 　2+4 조약과 독일 통일

베를린 장벽이 붕괴되고, 1990년 독일에서 총선거가 실시되고
새로운 정부가 탄생하는 등 통일의 분위기가 무르익어
갑니다. 이를 틈타 서독은 막강한 경제력을 내세워 소련에
경제 협력을 약속하고 주변 국가에 외교 공세를 펴면서
1990년 초부터 통일 독일의 국제적 위상과 영토, 군사 문제를
해결하기 위해 동서독과 미국, 영국, 프랑스, 소련이 모여
회의를 통해 '2+4 조약'을 맺습니다. 이를 통해 독일은 군사
제한과 핵·생화학무기 개발이 금지되었지만, 통일 독일은
주권을 가진 하나의 나라로 우뚝 설 수 있게 되었습니다.

독일 통일 27주년을 기념하는
독일 시민들

정치에 관심이 많은 소녀

동독과 서독 국경을 넘는 일은 어려웠지만 편지 교류는 할 수 있었습니다. 그래서 어머니는 앙겔라를 위해 서독에 있는 친정에 편지를 보내며 교류를 했습니다.

앙겔라가 요즘 많이 외로워해요. 앙겔라를 위해 앙겔라가 좋아할 만한 이야기들을 들려 주세요.

앙겔라, 서독에서 네 선물이 왔어.

엄마, 오늘부터 방학인데 베를린에 있는 할머니 집에 갈래요.

누구랑?

저 혼자요.

혼자서?

그럼요, 문제 없어요.

앙겔라는 아버지의 정을 모르고 자란 대신 독립심을 무한히 키워 나갔습니다. 그래서 방학이 되면 무엇을 할지 혼자 계획하고 혼자 실행에 옮기곤 하였습니다.

열세 살의 앙겔라는 혼자 동베를린에 도착했습니다. 할머니를 만나기 위해서였습니다.

이튿날, 아침

앙겔라,
어딜 가려는 거니?

밖에 나갔다
오려고요.

나랑 같이 나가자.
넌 베를린 길을 잘 모르잖니?

괜찮아요,
저 혼자 다녀올게요.

앙겔라는 동베를린에서 매일같이 혼자 외출을 했습니다.
베를린을 혼자서 구석구석 탐사하듯이 돌아다니다가
미술관이나 박물관에 들어가서 전시를 보기도 했습니다.

여기가 아닌 것
같은데?

아……
도저히 모르겠는 걸?
이러다가 꼼짝없이 길에서
자야 할 판이야.

제가
도와 드릴까요?

톡

우린 러시아에서 왔단다. 호텔을 찾고 있는데 도저히 못 찾겠어.

우리나라 사람이 아닌가 봐요?

무슨 호텔인데요? 제가 찾아 드릴게요.

우린 여기를 찾고 있는데……어린 네가 찾을 수 있겠니?

아하, 아래 도로에서 찾아야 해요. 따라오세요.

믿어도 될까? 아직 앤데.

뭘 생각해? 따라가자고.

ROYAL HOTEL
여기에요.
고맙다, 얘야. 이거 어떻게 보답을 해야 하지?
우리나라를 찾아온 관광객에게 길을 안내하는 게 당연하지요.
혹시 모르는 것 있으면 더 물어보세요. 제가 다 안내해 드릴게요.
얘야, 너 혹시 식사는 했니?
저녁을 말씀하시는 거면 아직이요.
방긋

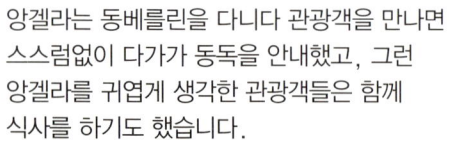

앙겔라는 동베를린을 다니다 관광객을 만나면 스스럼없이 다가가 동독을 안내했고, 그런 앙겔라를 귀엽게 생각한 관광객들은 함께 식사를 하기도 했습니다.

앙겔라, 넌 어떤 걸 좋아하니?

저는요, 비틀즈를 좋아해요.

또 그림을 좋아해서 미술관을 자주 가요. 명화가 인쇄된 그림엽서를 모으는 게 취미에요.

오…… 비틀즈? 요즘 애들이랑 좀 다른 걸?

그러게. 넌 동독에서 만난 다른 아이들과 다르게 표정이 무척 밝구나. 옷도 화려하고. 마치 자유 국가에서 사는 아이 같아.

자유 국가에서 사는 아이?

집으로 돌아온 앙겔라는 한동안 깊은 생각에 잠겼습니다.

자유 국가에서 사는 아이 같아.

한 번도 생각해 본 적이 없는데, 대체 그게 무슨 의미일까?

서독이랑 동독이랑 많이 다른 걸까?

앙겔라, 할머니 집에서의 생활은 재미있었어?

네, 엄마.

어서 들어봐야지.

잠깐만!

네?

여긴 동독이야. 서독 뉴스를 듣는 건 위험해.

경찰이 와서 잡아갈걸?

아…….

서독의 3대 대통령으로 구스타프 하이네만이 선출되었습니다. 하이네만은 변호사 출신으로……

한편, 앙겔라는 학교에서는 성적이 우수한 모범생이었습니다.

앙겔라, 무슨 공부를 그렇게 열심히 해?

그냥 대학가려고 공부하는 거야.

대학? 아직 몇 년 후의 이야기잖아.

그렇긴 한데 목사의 자녀는 대학가기가 어려워. 정말 엄청나게 공부를 잘하거나 과학 기술 쪽에 특기가 있어야 해. 그래서 물리학을 공부하고 있어. 내가 물리학을 좋아하기도 하고.

정치에 관심이 많은 소녀 **73**

아하! 하긴, 목사가 좀 차별받긴 하지.

근데 너 러시아어 잘하니까 경시대회에 나가는 건 어때? 나중에 가산점을 받을걸?

그러면 나도 좋지. 그런데 난 목사 딸이라 참가할 수 있을까?

앙겔라 카스너.

네! 선생님.

러시아어 전국 경시대회가 있다. 참가해 보겠니?

네?

다음 달에 러시아어 전국 경시대회가 있고 여기서 뛰어난 성적을 올리면,

소련에서 열리는 러시아어 대회에 동독 대표로 참가하게 된다.

우 와 우 와 아

전국 경시대회를 통과하면 소련에 갈 수 있다고? 그렇게만 된다면 대학에 가는 것도 문제없을 거야.

열심히 하겠습니다!

좋아. 착실히 준비해서 학교의 이름을 드높이도록. 아참, 아버지 직업이 뭐랬지?

너 목사 아들이지? 일단 입학 보류.

집안에 목사가 있다고? 자네는 직업을 가질 수 없네.

UNIVERSITY

사실대로 목사라고 말했다간 참가 자격을 주지 않을지도 몰라.

앙겔라?

우……
운전사입니다.

얼마 후, 러시아어
경시대회가 열렸습니다.

필기 시험과 러시아어
발표로 이루어진
경시대회에서 긴장한
학생들은 자신의 실력을
제대로 발휘하지
못하고 있었습니다.

음…… 저는……
베…… 베를린에
거주하는……
율리야……입니다.

러시아어 전국 경시대회

앙겔라는 다른 나라의 참가자들과 함께 경시대회 동안 모스크바의 여러 곳을 돌아다녔습니다.

와아······ 멋진 궁궐인데? 진짜 소련은 대단한 것 같아.

사회주의는 역시 소련을 중심으로 모여야 할 것 같아.

그런데 넌 어디서 왔어? 난 동독.

난 체코에서 왔어. 만나서 반가워.

사실 러시아어 대회는 소련이 사회주의 국가를 상대로 벌이는 행사였습니다. 이는 강대국으로서 소련의 위상을 높이기 위한 것이었습니다.

우리나라도 소련처럼 멋진 나라가 될 수 있을까?

소련이 도와줄 거야. 친구랬으니까.

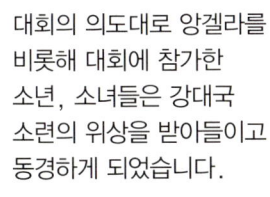
대회의 의도대로 앙겔라를
비롯해 대회에 참가한
소년, 소녀들은 강대국
소련의 위상을 받아들이고
동경하게 되었습니다.

우리 동독도
나중에 소련처럼
훌륭하고 강한
사회주의 국가가
되겠지.

소련에서 돌아온 앙겔라는
동독의 사회주의 체제에 순응하며
살아가고 있었습니다.

앙겔라, 노래 그만 듣고
텔레비전 좀 틀어 봐.

체코에서 군중 소요 사태가 일어났습니다. 이에 소련군은 체코를 장악하여 군중 소요를 막았으며……

군중 소요 사태?

1968년, 체코 프라하에서는 국민들이 거리로 나와 자유를 요구하는 대규모 시위가 일어났습니다. 이를 '프라하의 봄'이라 합니다.

우리는 자유를 원한다!

사회주의는 물러가라!

와

아

와

아

오……
가엾어라.

우리는 여러분의
친구입니다.

친구라며……?

텔레비전에서는 소련의 뜻을 거스르면 체코처럼 될 수 있다는 걸
경고하는 것처럼 참혹한 모습을 계속 보여 주었습니다.

강대국 독일

하나 **마셜플랜과 라인강의 기적**

제2차 세계 대전 후 세계는 소련을 중심으로 한 공산진영과
미국을 중심으로 한 자유진영으로 나닙니다.
미국은 소련의 영향력이 더 커지는 걸 막기 위해 소련의
침략을 스스로 막을 수 있도록 제2차 세계 대전으로 폐허가
된 유럽을 빨리 부흥시키는 계획을 실행합니다. 이것이
'마셜플랜'입니다.
이 기간 동안 자유진영을 지지하는 유럽 국가들은 미국의
지원으로 빠르게 제2차 세계 대전으로 입은 상흔을 극복할 수
있었습니다.
서독 역시 마셜플랜에 의해 약 15억 달러의 물자를
지원받습니다. 이것은 오늘날의 화폐 가치로 환산하면
우리나라 돈으로 약 16조 원에 이르는 큰 금액이었습니다.
서독은 마셜플랜으로 받은 금전적 지원과 원래부터 가지고
있던 과학 기술, 국민들의 근면 성실함으로 빠르게 나라를
안정시켰으며, 결국 미국에 이어 세계 경제 2위까지 오르게
되었습니다.
아무리 마셜플랜이 있었다고 하나 이런 경제적 성장은 너무나
놀라운 속도였기 때문에 이를 독일의 대표적인 강 이름을 따
'라인강의 기적'이라고 부릅니다.

둘 **유로화를 통한경제 성장**

서독은 동독을 흡수 통일하는 과정에서 동독과의 경제적
균형을 맞추기 위한 비용이 과다하게 들어가자 경제적 위기를
맞았습니다.

마셜플랜 제창자 조지 마셜

유럽의 유로

마침 유럽은 2008년부터 본격적으로 유로화가 시작되었고, 독일도 이를 계기로 다시 한번 경제적 도약하게 됩니다. 유럽 연합은 몇 개국을 제외하고 유로화라는 단일 화폐로 통일시켰는데, 당시 독일의 화폐(마르크)는 화폐 가치가 높았기 때문에 유로화를 도입함으로써 경제적 이익을 취하게 됩니다. 즉 질 좋고 비싼 물건에 비교적 저렴한 가격이 매겨지면서 독일은 수출이 늘어나고 경제가 좋아지게 됩니다. 현재 독일은 막대한 경제력을 바탕으로 유럽을 이끌어가는 중심 국가입니다.

독일 화폐 단위였던 마르크

셋 미래를 준비하는 교육 제도

독일의 교육은 입시 위주가 아닌 학생 개개인의 소질을 살리고 각자가 정하고 싶은 진로를 최대한 도와주는 데 목적을 두고 있습니다. 독일은 초등학교 입학부터 12년간 의무교육이며 학비는 무료입니다. 독일의 교육 제도는 다음과 같습니다.

레알슐레의 수업 현장

1. 초등학교

만 6세가 되면 입학하며, 대부분 4년제이며 우리나라처럼 6년제도 있습니다.

2. 전기 중등 교육 과정

우리나라의 중학교에 해당하는 독일의 중등 교육 과정은 조금 복잡합니다. 전기 중등 교육 과정은 하우프슐레, 레알슐레, 김나지움, 게잠트슐레가 있습니다. 김나지움은 인문계이며 하우츠슐레, 레알슐레는 실업계입니다. 게잠트슐레는 인문계와 실업계 수업을 모두 하는 종합 학교입니다.

3. 후기 중등 교육 과정

우리나라의 고등학교에 해당하는 과정입니다. 대학입시를
준비하는 입시 대비 학교와 취업을 위주로 하는 실업계 학교가
있는데, 실업계를 나와도 성적이나 목표에 따라 대학에
진학할 수 있습니다.

4. 고등 과정

대학교육입니다. 독일은 현재 대학등록금이 없습니다.

독일의 자동차 산업을 주도한
폭스바겐

넷 〈 자동차

독일은 전 세계를 상대로 전쟁을 일으킬 수 있을 정도로
공업과 과학 기술이 뛰어난 나라였습니다.
하지만 제2차 세계 대전에서 패배한 이후 연합국은 독일이
다시 전쟁을 일으키지 못하게 하려고 여러 면에서 제한을
합니다. 그 중 하나가 군사력 증강에 대한 제한이었습니다.
그러자 독일의 우수한 공업 기술은 자동차 공학에 집중하기
시작했습니다. 독일의 자동차는 세계에서도 그 품질을
인정받아 독일이란 나라의 이미지로 떠오를 정도의 대표
산업으로 성장했습니다.
독일에는 폭스바겐, 벤츠, BMW 등 여러 자동차 회사가
있는데 그 중 폭스바겐의 규모는 상당합니다. 폭스바겐은
자회사로 아우디, 람보르기니, 벤틀리, 포르쉐, 부가티 등
세계 최고의 명차를 만드는 회사를 소유하고 있습니다.

다섯 〈 음식

독일은 본래 300여 개의 크고 작은 나라가 모여 있던 나라로
그 나라들이 서로 끊임없이 영토 전쟁을 벌여 문화의 발전이
늦었습니다. 때문에 괴테가 나타나기 전까지 독일 문학도

낮추어 보았으며, 독일어 가사가 촌스러우니
오페라에는 사용하지 말라는 금지령이 내려진 적도
있었습니다.
하지만 독일이 하나의 나라가 되어가면서 문화도 점점
정리가 되기 시작했습니다. 그 중 가장 선두에 선 것이
음식입니다.

1. 맥주

유럽 대부분의 나라가 그렇듯이 독일은 맥주에 대해
자부심을 가지고 있습니다. 뮌헨에서 열리는 옥토버
페스티벌은 한 번에 4000여 명을 수용하는 텐트를 펼치고
진행하는 맥주 축제입니다.

독일인들이 좋아하는 소시지

2. 소시지

유럽은 소시지 문화가 발달하였지만 그중에서도 독일은
타의 추종을 불허할 정도로 많은 소시지 종류를 가지고
있습니다.
우리나라에서 가장 흔하게 소비되는 소시지 역시 독일식
소시지입니다.

3. 슈바인학세

우리나라의 족발 요리와 비슷한 독일의 돼지 다리로 만든
요리입니다. 독일 요리는 투박하기로 유명한데 17세기
이후 중세 프랑스 요리의 영향을 받아 다양한 요리법이
생기기 시작했습니다. 슈바인학세는 그러던 와중 생겨난
요리로 독일을 대표하는 음식으로 자리잡았습니다.

맥주와 슈바인학세

4. 슈니첼

독일, 오스트리아 등 게르만족이 좋아하는 돼지고기 튀김
요리로 돈가스의 원조입니다.
슈니첼이 프랑스로 넘어가 포크커틀릿으로 불리었고 이것이
일본으로 넘어가 돈가스가 탄생합니다.

저항의 시대

몇 년이 지나 앙겔라는 고등학교 졸업반이 되었습니다. 당시는 베트남 전쟁이 한창이던 시기였습니다.

모두 주목해라. 너희도 알고 있겠지만

지금 아시아의 베트남에서는 사회주의를 수호하기 위해 전쟁이 벌어지고 있다.

고등학교 졸업반은 문화 행사를 하도록 되어 있지?

올해의 문화 행사 주제는 '아시아의 동지를 위하여' 이다.

선생님이 나간 후 앙겔라는 친구들과 문화 행사를 논의했습니다. 앙겔라는 프라하의 봄 이후 사회주의에 반감을 가지고 있었기에 문화 행사의 주제가 마음에 들지 않았습니다.

이건 부당해.
문화 행사는 우리
졸업반을 위한 행사야.
베트남을 위한 행사가
아니라고.

맞아. 우리가 여기
베트남을 위한 뭔가
한다고 해도 베트남
사람들은 어차피
알지 못할 테니
다 의미 없는 짓이야

무엇이든 혼자 결정하고 계획하면서 독립심이 남달랐던 앙겔라는 어느 새 친구들을 이끌어가는 리더십을 갖추고 있었습니다.

우리의 뜻대로 하자.
우리만의 추억이 담긴
행사를 만드는 거야.

좋아.

나도 좋아.

그래!
앙겔라

얼마 후, 문화 행사가 열렸습니다. 문화 행사가 정부 의도대로 잘 진행되고 있는지 체크하기 위해 장학사가 방문하였습니다.

저희가 준비한 행사는 시낭송과 노래입니다.

아시아의 동지를 위한 문화 행사

시인은 크리스티안 모르겐슈테른. 제목은 민초들의 삶.

갸웃 갸웃

이게 베트남과 무슨 상관이지?

사무실로 돌아온 장학사는 이 사건을 사회주의에 대한 도전이라고 생각하였습니다. 장학사는 시인 크리스티안 모르겐슈테른을 찾아보았습니다.

역시 부르조아 성향의 시인이 었군.

부르조아 시인의 시를 낭송하고 적국의 언어인 영어로 노래를 부르다니. 학생들의 사상이 의심스럽지 않은가?

이 사건은 정식 공문서로 정부에 보고해야 해.

탕

며칠 후 학교는 발칵 뒤집혀 학부모들을 모두 불렀습니다. 이 자리엔 앙겔라의 아버지 카스너도 있었습니다.

여러분의 자녀들이 정부 정책에 반하는 일을 벌였습니다. 사상이 매우 의심되며 정부 차원에서 강력한 처벌이 있을 것입니다.

카스너는 혹시 딸이 잘못될까 봐 맹렬히 항의했습니다.

그게 무슨 말입니까?
아직 어린 아이들입니다.
잘 몰라서 한 일을 가지고
강력한 처벌이라니요!

아이들이 한 일을 정부 차원에서
처벌한다니 말도 안 되는 일입니다.

난 집권당인
독일 사회주의
통일당의
간부입니다.

내 이름을 걸고 약속하는데 이
아이들은 결코 처벌받지 않을 거요.

탕

이건 이미
제 손을 떠났어요.
정부의 문제란
말입니다!

부모님들은 무슨
이야기를 하고 계실까?
별일 없겠지?

걱정 마. 무슨 일이 생기면 내가 다 책임질 테니. 어차피 주도한 건 나니까.

무슨 소리야? 앙겔라. 그건 우리 모두의 결정이었어.

맞아. 너 혼자 책임지겠다는 소린 하지 마. 벌을 받아도 우리가 다 같이 받아야 돼.

부모님들은 탄원서를 제출하기도 하고 상부 정부기관을 찾아가 사정을 하기도 하였습니다.

그러는 동안 학생들에게도 강도 높은 조사가 이루어졌습니다.

몰랐습니다.

시인 크리스티안이 부르조아를 지지하는 성향인 걸 알고 있었지? 똑바로 대답해!

선생님, 그건 부당해요. 우린 징계를 받을 정도로 잘못하지 않았어요.

뭐라고!

넌 이 정도의 징계로 끝난 것을 감사해야 해. 더 이상 이 일에 대해 왈가왈부하면 징계를 추가하겠다! 앙겔라!

앙겔라는 입을 다물었지만 가슴 속에선 여전히 의문이 남았습니다.

쾅

이 정도 일이 한 나라의 정부가 나서서 징계를 결정해야 할 일이란 말이야? 말도 안 돼.

아, 그렇군.
그럼······.

난 물리학을
배우고 싶다고...
물리학.

카를 마르크스대학은 라이프치히 대학이란
이름으로 수백 년의 전통을 가진 대학이었습니다.
겉으로는 사회주의 체제에 순응하는 듯 했지만
속은 달랐습니다. 특히 교수들은 학교의 전통을
살리고 싶었습니다.

그럼 오늘은
이론 물리학
수업을 합시다.

반응들이 왜 이렇죠?
물리학과에서 물리학
수업을 한다는 것이
이상한가요?

하지만 교수님. 수업 시간표를 보면 지금은....

알아요. 하지만 난 여러분에게 묻고 싶습니다.

여러분은 물리학을 배우러 물리학과에 진학한 것입니까? 사회주의를 배우러 물리학과에 진학한 것입니까?

물리학을 배우고 싶어서입니다!

벌떡

그렇지요? 그럼 다른 생각 말고 물리학을 배웁시다.

허 허…

세상에…… 내가 잘 못 된 게 아니었어. 저 교수님처럼 사람은 양심에 따라 움직이는 거야.

누구도 정부가 강요하는 대로 살지 않아.

한편 1975년. 동독 정부는 서독과의 모든 관계를 끊어버리겠다는 발표를 합니다.

동독은 하나의 독립된 국가이며 서독과의 모든 관계를 부정합니다. 동독은 하나의 나라입니다.

이게 대체 무슨 소리지? 이제 통일은 하지 않겠다는 소리인가?

통일의 가능성을 아예 막아버리겠다는 선언이야. 이대로라면 독일은 영원히 다시 통일할 수 없어.

정부의 발표에 동독의 지식인들은 분노했습니다.

지식인 공동 기자회견

동독지식인연합회

정부는 통일의 가능성을 영원히 닫아버리는 성명을 발표했다. 나는 이에 격렬히 반대한다!

펑

펑

동독 정부는 이들을 탄압하여 감옥에 넣기 시작했습니다. 이에 수많은 지식인들이 동독의 탄압을 견디지 못하고 서방 세계로 탈출하였습니다.

이러한 동독의 조치는 대학생들의 반발을 불러 옵니다. 거리에는 동독 정부의 조치에 반대하는 대학생들의 시위가 끊임없이 벌어졌습니다.

동독 정부는 시위대를 강력하게 압박했습니다.

우리는 하나의 독일을…… 앗!

동독 정부는 시위가 계속 될수록 더욱 강력하게 시위대를 압박했습니다.

빨리 빨리 움직여!

앙겔라는 시위가 진압을 당하고 실패하자 결국 동독의 사회에 순응하는 길을 택했습니다.

노력했지만 아무 것도 바꾸지 못했어. 이럴 바엔 그냥 동독의 세상에 순응할 수밖에 없어.

유럽 연합의 역사와 현재

하나 유럽 연합이란?

유럽의 정치 경제 통합 실현을 위해 1993년 11월 1일 마스트리흐트 조약에 의해 출범된 연합 기구입니다. 처음 12개국으로 시작하여 28개국까지 가입 국가가 늘어났으며, 현재는 영국이 탈퇴하여 27개국의 회원국으로 구성되어 있습니다. 공용어는 24개에 달하며 2012년에는 노벨 평화상을 수상하였습니다.

유럽 연합 깃발

둘 유럽 연합의 역사

1946년 영국 수상 윈스턴 처칠이 스위스 취리히에서 있었던 연설에서 유럽에도 유엔과 유사한 기구가 필요하다고 역설하였습니다. 3년 후 프랑스 외무부 장관 로베르 쉬망이 광산 채굴을 위해 프랑스−서독 간의 공동 사무소 설치 계획을 공식적으로 건의합니다. 이것을 쉬망 선언이라고 하는데 이로 인해 유럽 공동체에 대해 유럽 국가 간 의견을 교환하기 시작하였습니다.

who? 지식사전

유럽 연합 이사회

유럽 연합의 입법 · 정책 결정 기관으로, 의장은 6개월마다 한 번씩 돌아가며 각 나라의 행정수반이 맡았었으나, 유럽 연합의 강력한 리더십을 위해 이사회의 권한을 높일 필요가 제기되었고 의장도 순번으로 돌아가며 맡는 것이 아닌 상임의장을 두게 되었습니다.
유럽 연합 이사회 의장은 유럽 연합의 대통령이라 불리우며, 임기는 2년 6개월로 연임이 가능합니다.

1951년 프랑스, 독일, 이탈리아, 벨기에, 네덜란드, 룩셈부르크 6개국은 유럽 석탄 경제 공동체를 만들고 광산 시장을 장악하게 됩니다. 이것이 유럽이 연합하여 시장을 만든 첫 사례입니다. 이 후 1957년 위 6개국은 유럽 경제 공동체(ECC)를 만들어 광산에서 전 방위적인 경제 연합을 이끌어내고, 그 후 다른 나라들이 유럽 경제 공동체에 속속 가입하며 몸집을 불립니다. 하지만 2000년대에 들어 상대적으로 낙후된 중앙 유럽 국가들이 가입하면서 여러 문제점들이 발생하기 시작했습니다. 낙후된 중앙 유럽의 인재들이 발달한 서유럽으로 몰리면서 서유럽의 실업률이 높아졌고 중앙 유럽은 인재난을 겪기 시작했습니다.

유럽 연합은 그 후 경제 통합을 넘어 정치적인 통합을 구상하기 시작했습니다.

유럽 연합은 이를 위해 유럽 연합 이사회라는 기구를 형식적인 것에서 실질적인 것으로 격상시키고 2012년에 독일과 프랑스 등 EU의 주요국들이 유럽연방의 직전 단계에 해당되는 새로운 EU 통합안의 골격을 내놓았습니다. 이와 같은 통합 과정 속에서 각 나라 간 갈등을 겪었으며, EU 통합에 부정적이던 영국은 2016년 브렉시트를 선언하였습니다.

원스턴 처칠

쉬망 선언 논의(유럽 석탄 철강 공동체)

브렉시트

영국을 뜻하는 브리튼(Britain)과 나가다의 영어 EXIT가 합쳐져 만들어진 단어입니다. 유럽 연합 초기에는 중요 회원국이었던 영국은 점차 발언권과 영향력이 떨어져 갔고, 영국이 부담하는 예산 대비 받는 대가가 적어지자 유럽 연합에 대해 부정적이 되어 갔습니다. 특히 영국의 전성시대를 기억하던 고령층은 영국이 유럽 연합을 탈퇴하기를 원했습니다. 결국 2016년 영국은 국민투표에 의해 탈퇴를 결성하였고, 브렉시트를 원하지 않았던 영국의 젊은이들과 고령층 사이에 세대 갈등이 일어나는 등 영국은 후유증을 겪고 있습니다.

브렉시트를 반대(위)하는 시위와 찬성하는(아래)하는 시위 중인 영국인들

셋 　 회원국

1957년 창립 회원국은 네덜란드, 독일, 룩셈부르크, 벨기에, 이탈리아, 프랑스 총 6개국이었습니다. 이후 1973년에는 그린란드를 제외한 덴마크, 아일랜드, 영국, 1981년에는 그리스, 1986년에는 스페인, 포르투갈이 가입했습니다. 1995년에는 스웨덴, 오스트리아, 핀란드, 2004년에는 라트비아, 리투아니아, 몰타, 슬로바키아, 슬로베니아, 에스토니아, 체코, 키프로스, 폴란드, 헝가리가 가입했으며, 2007년 1월 1일에는 루마니아, 불가리아, 2013년에는 크로아티아가 28번째 회원국이 되었습니다. 2016년 6월 23일 영국이 탈퇴를 결정하였습니다. 또한 유럽은 아니지만 유럽 연합 회원국의 속령도 유럽 연합의 일부로 인정받습니다.

예)
스페인– 카나리아 제도, 세우타와 멜리야 (아프리카)
포르투갈– 아조레스 제도와 마데이라 제도(아프리카)
프랑스– 과들루프(서인도 제도), 레위니옹(아프리카), 마요트(남아프리카), 마르티니크(서인도 제도), 프랑스령 기아나(남아메리카)

유럽 연합 본부 건물 앞의 회원국의 국기

넷 　 유럽 의회

유럽 의회는 유럽 연합(EU)의 입법 기관입니다. 28개 유럽 연합 회원국의 시민들에 의해 5년에 한 번씩 직접선거로 선출되며 프랑스 스트라스부르에 있습니다. 주요한 입법 기능은 이사회가 주로 행사하지만, 점차 입법 기능과 정치적 영향력이 커지고 있습니다.
유럽 의회는 주도적으로 입법을 할 수는 없지만 많은 정책 영역에서 수정 요구나 거부권을 행사할 수 있습니다.

또한 유럽 집행 위원회를 감독하며 집행위원을
불신임투표를 통해 해임할 수 있습니다. 그 외 유럽
연합의 예산 감독권을 가집니다.

유럽 의회 모습

다섯 〈 언어

유럽 연합은 유럽 연합 회원국 내에서 사용되는
많은 언어와 방언 중에서 24개의 언어를 공식 언어
및 실무 언어로 정하고 있습니다.
유럽 의회는 문서와 본회의 관련 자료 등을 모든 언어로
번역합니다. 유럽 연합에서 가장 많이 사용되는 외국어
비율을 계산하면 영어가 인구의 38%로 가장 많고, 독일어가
12%, 프랑스어가 11% 순으로 나타나고 있습니다.

여섯 〈 종교

2012년 유럽 연합의 종교성에 대한 여론 조사에 따르면,
기독교를 종교로 가진 유럽 연합 시민이 72%로 유럽 연합에서
가장 큰 종교라고 합니다. 그 중 개신교는 12%를 차지하는
반면 천주교가 48%로 유럽 연합에서 가장 큰 기독교 교파로
나타났습니다. 그리고 동방 정교회는 8%, 다른 기독교인들은
4%를 차지한다고 합니다.

베를린 장벽의 붕괴로 유럽 연합의 확대가
가속화 되었다.

일곱 〈 인구

유럽 연합은 중국과 인도에 이어 3번째로 인구가 많습니다.
유로스타트에 따르면 2013년 기준으로 국내총생산(GDP)은
약 13조 800억 유로(약 1경 7545조 7700억 원), 인구는 약
5억741만 명으로 추산됩니다. 삶의 질을 반영하는 1인당
GDP는 2012년 기준 연간 2만 5500유로(약 3420만 원)입니다.

정치에 뛰어들다

앙겔라는 23세의 나이에 같은 과였던 울리히 메르켈과 결혼하면서 남편의 성을 따라 앙겔라 카스너에서 앙겔라 메르켈이 되었습니다.

그러나 두 사람은 4년만에 이혼하였습니다.

이혼 후 앙겔라는 동독 학술아카데미 산하 물리화학연구소에서 일했습니다.

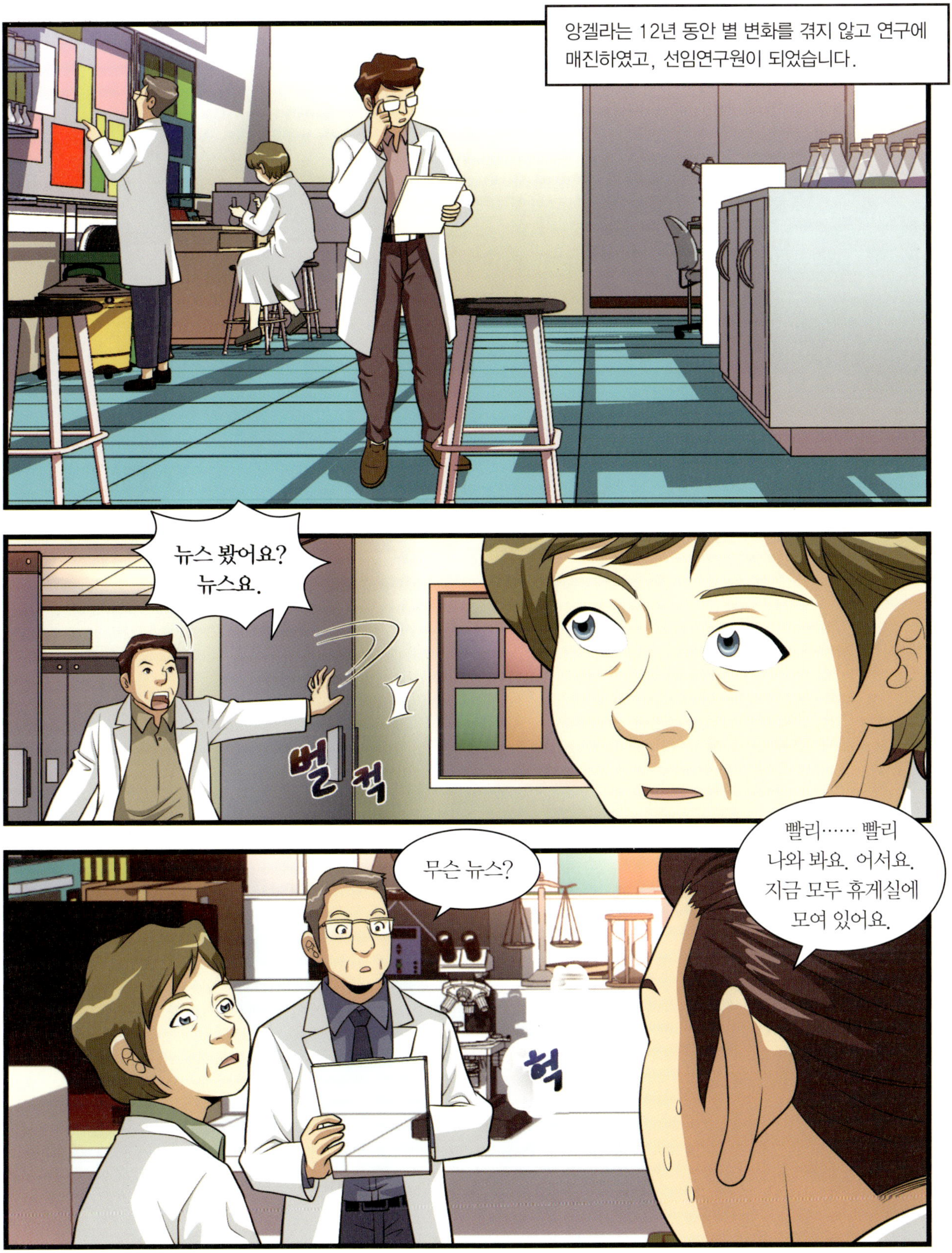

앙겔라는 12년 동안 별 변화를 겪지 않고 연구에
매진하였고, 선임연구원이 되었습니다.

뉴스 봤어요?
뉴스요.

벌컥

무슨 뉴스?

빨리…… 빨리
나와 봐요. 어서요.
지금 모두 휴게실에
모여 있어요.

헉

1985년 소련의 지도자로 고르바초프가 선출되었습니다. 고르바초프는 사회주의가 아닌 자유주의 경제 체제를 따르는 페레스트로이카 정책을 내걸었습니다.

사회주의 안에서 소련의 경제는 나날이 후퇴했습니다. 이제 시장 경제를 받아들여야 할 때입니다.

봤죠? 봤죠? 소련이 자유경제를 받아들였어요.

놀라워. 내가 어렸을 때 소련은 체코에 탱크를 들이대며 수십만 명을 죽이면서까지 사회주의를 지키려 했던 나라인데……

앙겔라의 예측은 사실이 되었습니다. 사회주의의 맹주 소련의 변화는 곧 동독과 서독간의 관계에도 영향을 끼쳤습니다. 1986년 동독과 서독 사이에 문화 협정이 체결된 것입니다.

동독 곳곳에서는 다시 서독과의 통일을 촉구하는 시위가 일어났습니다.

시위가 걷잡을 수 없이 확대되자 동독의 지도자 크렌츠는 서독 방문을 조만간 자유롭게 하겠다는 성명을 발표했습니다.

조만간 동서독간의 교류와 왕래를 확대할 것입니다.

하지만 이 성명으로 인해 지금 당장 서독에 갈 수 있다는 소문이 나돌기 시작했습니다.

이제 서독에 자유롭게 갈 수 있대.

당장 내일 서독으로 갈 수 있대.

아, 그래? 그럼 내일이라도 넘어갈 수 있게 준비해야지.

뭐? 그럼 막 밤 12시 지났으니 오늘이네?

마침내 1989년의 어느 날.

띠리리링

아침 먹는 중인데 왜? 연구소에 무슨 일 있어?

오오…… 팀장님. 제발 뉴스 좀 보세요. 엄청난 뉴스가 있다고요.

엄청난 뉴스?

이곳은 동독의 인민들이 베를린 장벽을 허물고 서베를린으로 탈출한 곳입니다.

여기뿐만 아니라 곳곳에서 시민들이 베를린 장벽을 허물고 있으며 국경수비대는 크게 제지하지 않고 있습니다.

응?

동독인들이 지금껏 서독과의 교류를 막고 있던 베를린 장벽을 부수기 시작했던 것입니다.

그리고 마침내 1989년 11월 9일 베를린 장벽은 상징할 수 있는 일부 구간만을 남긴 채 모두 무너졌습니다.

모두가 독일의 변화에 들떠 있을 때 앙겔라는 여전히 신중했습니다.

대체 왜들 이렇게 난리람? 나도 대학 다닐 때 세상을 바꿔보겠다고 열심히 시위도 하고

저항도 했지만 바뀌지 않더라고. 베를린 장벽이 무너졌다고 독일이 통일되는 건 아니야.

하지만 이대로라면 곧 통일이 되지 않을까요?

동독과 서독은 행정적으로 너무 오랫동안 갈라져 있었어. 통일정부를 구성하려면 적어도 10년은 지나야 할 걸? 아니, 200년 이상 걸릴지도 모르지.

그렇게 오래 걸릴까요? 우리는 당장 1~2년 안에 통일될 거라고 생각하는데요.

무슨 소리야? 두 나라가 합치는데 1~2년이라니? 말도 안 돼.

앙겔라는 독일 통일은 시기상조라고 생각했습니다. 그렇게 생각하던 어느 날 앙겔라는 폴란드로 출장을 갔습니다.

그아아앙

폴란드에서도 관심은 모두 독일의 통일에 대한 내용이었습니다.

통일이요? 아직 멀었어요.

앙겔라씨. 독일 통일은 언제 될 것 같아요?

그런가요? 우리는 수년 내에 독일이 통일될 거라고 믿고 있는데요

네? 농담이시죠?

곧 동독에서 선거가 있잖아요. 독일 통일을 주장하는 정당이 정권을 잡을 거예요. 그러면 통일에 가속도가 붙는 거죠.

어....? 어쩌면 내가 생각하는 것보다 훨씬 빨리 세상이 변하는 게 아닐까? 외국에서 보는 게 더 정확할 수도 있잖아.

앙겔라는 출장에서 돌아온 후 상관 클라우스에게 출장 업무를 보고했습니다.

수고했어. 특별한 일은 없었겠지?

네. 업무는 순조로웠습니다.

그 말은 다른 일은 순조롭지 않았다는 이야기인가?

모두들 업무보다 독일 통일에 관심이 더 많더라고요. 다가오는 총선 이후 독일이 통일될 거라고 하더군요.

뭐라고?

우리도 뭔가 대비를 해야 하지 않을까요?

독일이 통일되면 이 연구실이 사라질 수도 있는 거잖아?

그 후 클라우스와 앙겔라는 통일 독일에 대비하기 위해서 정보를 찾았습니다.

혹시 통일되면 어떻게 되는지 아는 거 없어?

제가 그걸 어떻게 알겠어요?

혼자서 아무리 정보를 찾아 봤자 소용이 없어.

응?

새로운 시대 !! 통일독일의 시대는 민주변혁과 함께 !!

앙겔라는 직장에 휴가를 내고 본격적으로
민주변혁 사무실에서 일하게 됩니다. 앙겔라는
시키지 않은 일도 찾아내어 척척 처리하며
누구보다 열심히 일했습니다.

선거전에 붙일
포스터 주문을 했는데
아직 안 와서 확인 드렸어요.
빨리 처리해 주세요.

기부금
처리요.

글쎄 그게 벌써
사흘 전이라니까요?

앙겔라.
혹시 이거
뭔지 알아요

잠깐만.

민주변혁은 독일 통일 분위기를 타고 베를린 장벽이 무너진 후 생긴 신생정당이어서 사람이 별로 없었습니다. 때문에 앙겔라의 유능하고 신속한 일처리는 대번에 여러 사람의 눈에 띄었습니다.

대변인은 정당의 정책이나 공식적인 입장, 성명 등을 발표하는 정당의 얼굴입니다. 대변인을 맡으면서 앙겔라는 본격적으로 정치에 입문하게 됩니다.

대변인……

확신만 있다면 어차피 길게 생각할 것 없잖아. 내가 원하는 일은 독일의 미래를 대비하는 것일까?

무엇이 더 가치 있는 일인가를 생각해야 돼. 지금 무엇이 더 가치 있는 일인지. 그렇다면!

직장에서 월급을 받으며 하루하루 사는 걸까?

앙겔라는 독일 통일에 힘을 보태고 싶었습니다. 그것이 개인의 삶을 추구하는 것보다 가치 있는 일이라고 생각했기에 민주변혁의 대변인이 되었습니다. 불과 한 달 전만 해도 평범한 연구원이었던 그가 정치에 뛰어든 것입니다.

민주변혁은 선거에서 승리하게 되면 서독과의 통일을 가장 빠르게 실현할 정당입니다.

이에 같은 뜻을 가진 독일의 기독민주당과 사회민주당, 독일사회연합등과 〈독일을 위한 동맹〉을 결성했습니다. 우리는 이 동맹의 중추가 되어 반드시 승리하겠습니다!

마침내 1990년 동독의 마지막 선거가 열렸습니다. 민주변혁은 동독 기민당(기독민주당), 독일사회연합 등과 연합하여 공동정부를 꾸리기로 약속하였습니다.

뻔하지 뭐.

누구 찍을 거야?

선거관리위원회 제1투표소

난 통일을 주요 정책으로 내세운 정당.

나도 그래. 근데 동맹을 맺어서 아무 당이나 찍어도 상관없잖아?

맞아. 어차피 정당들이 통일을 위한 동맹을 맺었으니 그냥 찍어.

정치에 뛰어들다 **133**

선거가 끝난 저녁 민주변혁 정당 사무실에는 모든 당원이 모여 선거 결과를 기다리고 있었습니다.

당 득표율입니다. 기민당이 무려 40%의 득표율을 보이며 선두를 달리고 있고요. 민주변혁은 0.9% 득표율로 최하위를 달리고 있습니다.

최종 결과 민주변혁은 0.92%의 득표율을 기록했고 의원은 단 4명만 당선되었습니다. 선거 참패였습니다.

이……이럴 수가. 이 정도로 외면 받다니.

말도 안 돼.
이건 정당을 해체해야
할 수준이잖아.

지난날의 선거 준비와 선거 활동,
그리고 승리할 것이라는 자신감이
주마등처럼 지나갔습니다. 앙겔라는
좌절했습니다.

이 정도의 득표율이라면
민주변혁은 이대로
사라질 거야. 정녕 내가
잘못 판단한 걸까?

국제기구

하나 **국제연합 (UN)**

국제연합 본부 건물

세계는 제1차 세계 대전 이후 앞으로의 세계의 평화를 위협하는 것으로부터 방어하려 국제연맹을 만들었습니다. 그러나 국제연맹을 만들자고 주장한 미국이 참여하지 않는 등 시작부터 문제가 많은 국제기구였습니다. 무엇보다 국제연맹은 제2차 세계 대전을 전혀 막지 못했습니다. 이에 제2차 세계 대전이 끝난 후 세계는 국제연맹보다 더욱 강력한 권한을 가진 국제기구를 원하게 되었고 이에 1945년 국제연합이 탄생되었습니다.

이로 인해 국제연맹은 자연스레 국제연합에 흡수 해체 되었습니다.

국제연합은 세계 평화와 우호, 안전, 인권을 목표로 국가 간 분쟁을 심사, 조정하고 세계의 평화를 위협할 땐 유엔군을 구성하여 직접적으로 전쟁에 나서기도 합니다. 우리나라에서 한국전이 발발했을 당시 미국을 중심으로 16개국이 국제 연합 군대를 결성해 우리나라를 도와주러 오기도 했습니다.

국제연합은 현재 5개의 기구로 운영되고 있으며 다음과 같습니다.

총회: 회원국이 모두 모여서 심의하는 회의
안전 보장 이사회(안보리): 국제 평화 · 안전 유지
경제 사회 이사회: 전문기구 활동 조정
국제 사법 재판소: 법적 분쟁 해결
사무국: 일상 업무 처리

이 중 국제 사법 재판소는 네덜란드 헤이그에 있으며 다른 네 기구는 모두 미국 뉴욕에 있습니다.

주권을 가진 나라는 모두 국제연합 회원국으로 가입이
가능합니다. 한편, 유엔은 과학 교육 전문 기구인 유네스코,
아동들을 돕기 위한 유니세프 등 하위에 많은 보조 기구를
두고 있으며 세계 보건 기구, 국제 통화 기금 등 전문 기구와는
협정을 맺고 있습니다.

둘 ## 국제 통화 기금(IMF)

국제 통화 기금(IMF)은 환율과 국제 수지 등 국제 금융 체계를
감시, 감독하는 국제 기구입니다. 본부는 미국 워싱턴 D.C.에
있습니다.

국제 통화 기금은 회원국의 요청이 있을 경우 즉각적으로
지원을 해 주며, 이는 나중에 회원국이 국제 통화 기금에
갚아야 합니다. 이 기구는 나라 간 재정 상황을 안정시켜
무역을 촉진시키고 경제 성장을 이끌어 빈부 격차를
줄이기 위해 노력하고 있습니다. 국제 통화 기금의 수장은
총재라고 합니다.

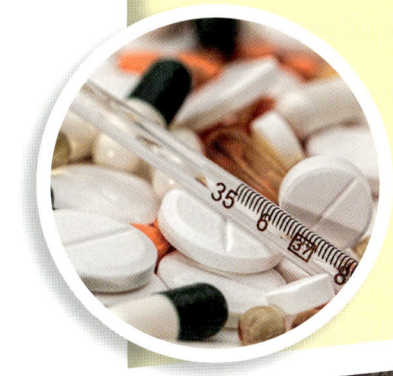

1944년 7월 22일 창설되어 1944년 12월
27일, 첫 29개 참가국의 동의서와 함께 공식
인정되었습니다.

이후 1947년 3월 1일, IMF 협정이 발효했고
유엔과 협정을 맺어 전문 국제기구가 되었습니다.
한편, 우리나라도 1997년 국가 부도 사태가 일어나
국제 통화 기금으로부터 도움을 받는 동시에 국제
통화 기금의 금융 관리에 놓이게 되었습니다. 이 때
대기업이었던 대우 등 수많은 기업들이 부도 처리
되었고 난립하던 은행들은 인수, 합병되어 수많은
실업자를 양산하는 등 많은 고난을 거쳤습니다.
이로 인해 우리나라의 경제정책은 세계에 개방적인
정책으로 변화하여 오늘까지 이어지고 있습니다.

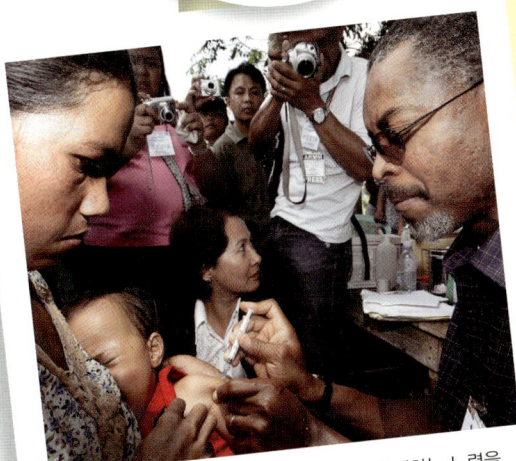

세계 보건 기구는 인류를 질병 등으로부터 구제하는 노력을
하고 있다.

세계 보건 기구(WHO)

세계 보건 기구(World Health Organization, 약칭 WHO)는
유엔의 전문 기구로 세계 인류의 건강을 가장 높은 수준으로
끌어올리는 것을 목표로 하고 있습니다. WHO는 1948년
4월 7일에 정식으로 발족하였는데이 날은 '세계 보건의 날'로
기념하고 있습니다. 이 기구의 6대 사무총장으로 한국의
이종욱이 재임하였습니다.

유니세프는 세계의 어린이를 위해 활동하고
있다.

유니세프 마크

유니세프

국제연합 아동 기금(UNICEF)는
1946년 설립되었으며 약칭인
유니세프로 잘 알려져 있습니다.
유니세프는 세계의 가난하고 굶주리는
어린이를 위해 활동하며 긴급 구호,
영양관리, 예방 접종, 식수 문제 및 환경 개선, 기초 교육
등의 일을 하고 있습니다. 대체로 가난한 나라의 가난하고
소외된 어린이를 위한 자선단체며 1965년 노벨 평화상을
수상했습니다.

유네스코에서는 유물들을 세계유산으로
지정하여 보호하고 있다.

유네스코

국제연합 교육 과학 문화 기구는 유네스코(UNESCO)로도
널리 알려져 있는 유엔의 전문 기구입니다. 1945년
창설하였습니다. 기구의 목적은 국가 간 교육, 과학, 문화
교류를 통한 국제 협력을 촉진하여 평화와 안전에 기여하는 데
있습니다.

아시아 태평양 경제 협력체 (APEC)

아시아 태평양 경제 협력체는 환태평양 국가들이
경제적 · 정치적 결합을 위해 만든 국제기구입니다. 1989년
11월 5일부터 7일까지 오스트레일리아의 캔버라에서
한국 · 미국 · 일본 · 호주 · 뉴질랜드 · 캐나다와 ASEAN 6개국
등 12개 나라가 모여 결성하였으며 1991년 중국, 홍콩, 대만,
1993년 멕시코, 파푸아뉴기니, 1994년에 칠레, 1998년에
페루, 러시아, 베트남 등이 추가로 가입하여 총 21개 국가들이
참여하고 있습니다. 1993년부터는 매년 각 나라의 정상들이
모여 회담을 열고 있습니다. APEC 가입국은 '국가'가 아닌
'경제 주체'로 참여하기 때문에 회의장에 가입국의 국기를
게양하거나 국명 표시를 하지 않습니다. 그래서 APEC 정상
간의 회의는 정상회의(Summit)가 아닌 APEC 경제 지도자
회의(Economic Leaders' Meeting)라는 명칭을 사용합니다.

APEC 정상 회담

who? 지식사전

비정부 기구

국제연합처럼 정부 기구와 구분되는 국제기구인 비정부 기구(NGO)는 어떠한 종류의
정부도 간섭하지 않는, 시민 개개인 또는 민간단체들에 의해 조직되는 단체를 의미합니다.
정부로부터 자금 지원을 받는 경우에도 비정부 기구는 정부 관계자를 회원에서
제외시킴으로써 민간단체로서의 성격을 유지합니다.

일본의 플루토늄 수송을 반대하는
그린피스 회원들의 시위

20세기의 세계화로 인해 한 국가 단위로 해결할 수 없는 많은 문제들이 생겨나기
시작했습니다. 시대적 요구에 부응하기 위해 비정부 기구는 인권문제, 지속가능한 개발,
저개발국 지원, 긴급구호 등 다양한 사항에 중점을 두고 활동을 하고 있습니다.
비정부 기구는 정부 활동 감시, 각종 정책 홍보, 상담 등으로 사회문제 해결을 위한 활동을
합니다. 대중의 지지를 구하고 모금 활동도 하며, 저개발국가와 지역사회를 연결시켜주기도
합니다. 또한 정부가 미처 관리하지 못하는 부문에서 활동하기도 합니다. 그래서 비정부
기구는 국내 혹은 국제적 정책 입안에도 큰 영향을 미치고 있습니다.
오늘날 비정부 기구의 수는 대단히 많은데, 국제적으로 인지도 있는 비정부 기구로는 국제
사면 위원회(AI), 국경없는의사회, 그린피스 등을 꼽을 수 있습니다.

독일, 통일되다

며칠 후 앙겔라는 민주변혁 사무실에 들렀습니다. 선거 참패의 후유증인지 사무실은 거의 비어 있었습니다.

어서 와요.

무슨 일로 부르셨죠?

좋은 소식이에요. 기민당 당수 로타어가 당신을 정부 부대변인으로 임명할 거예요.

네? 어째서요?

민주변혁은 참패했지만 어쨌든 〈독일을 위한 동맹〉은 압승을 거뒀지요.

네.

이제 정국은 기민당
중심으로 개편될
겁니다. 득표율이
제일 높으니까.

기민당에서는 동맹을 맺은
우리 같은 군소정당에도
정부 요직을 배치하려고
하고 있죠. 당신은 민주변혁의
대변인에서 독일 정부의
부대변인이 되는 거예요.

아.. 그럼 민주변혁은
어떻게 되는 거죠?

곧 기민당과 합당할 거요.
기민당이 되는 거지.

우리 정부는 서독과의
통일을 위해 만들어진
정부입니다. 이제
독일 통일을 위해 박차를
가해 봅시다.

앙겔라는 민주변혁의 참패 후 뜻밖에 정부 요직에 진출할 기회를
얻게 되었습니다. 그리하여 앙겔라는 정부 부대변인의 자격으로
내각회의를 옆에서 지켜볼 수 있었습니다.

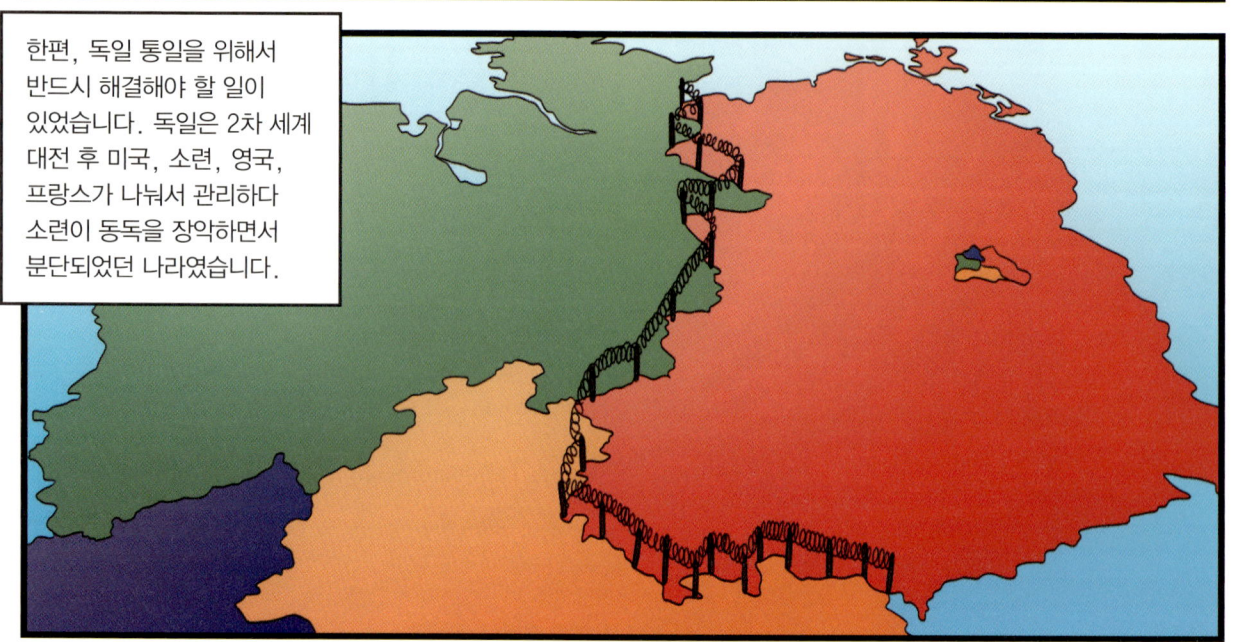

완전한 독일 통일을 위해서 당시 4개국과 동, 서독이 함께 해결해야 할 절차가 남아 있었습니다. 이 회담은 러시아에서 9월 12일 열렸습니다.

회담이 있기 전 동독의 로타어 데 메지에르는 앙겔라와 함께 지하철을 타고 러시아의 여론을 살폈습니다.

쏼라쏼라~

쏼라~

쏼라~

쏼라~

부대변인께선 러시아어에 탁월하다고 들었는데 저기 러시아 사람들이 대체 뭐라고 말하는지 알려주실 수 있습니까?

스탈린이 이룩한 것을 고르바초프가 잃어가고 있다고 이야기하고 있어요.

그렇군요. 그럼 고르바초프가 있을 때 통일을 서둘러야겠군요. 만약 고르바초프가 권력을 잃으면 다시 동독이 소련의 영향력 안에 들어갈 거예요.

하지만 문제가 생겼습니다. 동독이 회담에서 배제된 것입니다.

탕
탕
탕

왜요? 아직 소식 못 들었습니까?

들었어요. 하지만 이게 대체 무슨 일인지 확인해야겠어요. 우리가 회담에 참석하지 못하는 이유는 뭐죠?

아…… 그거.

긁
쩍

4개국과의 회담은 서독에서 주도하기로 했어요. 통일 방법은 동독이 서독에 흡수되는 방식입니다. 때문에 서독이 독일을 대표하고 회담도 서독 주도로 하게 된 거죠.

그럼 우리의 역할은 뭐죠?

조약이 체결될 때 우리의 이름도 올라간 다는 것?

맙소사.

진정해요. 동독에서 통일을 발표할 사람은 당신이니 말이에요.

서독의 주도로 9월 12일 2+4 조약(동, 서독을 뜻하는 2, 전승 4개국을 뜻하는 4를 따서 2+4 조약이라고 함)이 체결된 후 통일은 급물살을 탔습니다. 그리고 한 달이 채 되지 않은 1990년 10월 3일.

앙겔라가 독일의 통일을 발표하는 모습은 그 후 수십 차례 방송되었습니다. 사람들은 그로 인해 앙겔라의 얼굴을 제대로 기억할 수 있게 되었습니다.

한편, 독일 전체를 대상으로 한 선거가 시작되었습니다. 서독이 주도한 통일이었고 동독 지역에도 서독 출신의 정치인이 후보로 나오기 시작했습니다.

야, 동독 지역에 서독인들이 입후보를 잔뜩 했네? 동독 사람은 입후보 안 하나?

그러게. 동독을 아는 사람이 동독에서 당선되어야 할 텐데.

저 말이 맞아.
아무도 입후보 하지
않는다면 내가 하자.

꾸욱

동독은 동독을
아는 사람이 의원이
되어야 합니다.

저는 동독 정부의
부대변인으로서 누구보다
동독에 대해 잘 알고 있습니다.
저를 뽑아 주십시오.

결국 앙겔라는 동독의 슈트랄쥔트르겐그림멘
선거구에 출마했습니다.

앙겔라는 슈트랄쥔트르겐그림멘 선거구에서 당선되어
의원이 되었습니다. 이때 앙겔라를 눈여겨 본 사람이
있었습니다. 독일의 헬무트 콜 총리였습니다.

앙겔라 메르켈. 통일이 된 나라에서는 동서독의 인재를 고루 써야 하는데 그나마 동독 지역에선 눈에 띄는 인재야.

콜은 앙겔라를 여성 청소년 장관으로 임명했습니다. 정치에 뛰어든 지 겨우 1년 남짓 만에 장관까지 되자 사람들은 앙겔라를 불신하며 뒤에서 수근댔습니다.

젠장, 애송이가 내 상관으로 오는군.

투
덜

소장님, 왜 그러세요?

새로 부임하는 장관 말이야. 정치 시작한 지 1년 정도 되었나? 원래 동독에서 물리 연구 하다가 정치에 뛰어들었는데 완전 초짜야.

벼락 출세군요, 벼락 출세.

현재 유일한 여성장관이야. 콜 총리의 양녀라도 되나 보지.

흥~

장관님 들어오십니다.

여기 소장이시죠? 반가워요.

앞으로 여성, 청소년 문제에 대해서 함께 머리를 맞대어 봅시다.

아, 예.

표정이 왜 이러지?

직원들이 내 능력을
의심하는 것 같아. 그건
상관없지만 내가 지시하는 걸
전혀 하지 않는다는 건
기강의 문제야.

그렇단 말이지?

무엇보다 사무소장이 앙겔라를 비난하는데
앞장서고 있었습니다.

콜의 양녀거나 뇌물을
먹인 게 틀림없어.
대변인으로 성명이나 발표하던
여자가 뭘 안다고 장관이야?

소장님, 장관님이
들으면 어떡해요?

쳇, 내가 뭐 틀린 말 했나?
어차피 콜의 허수아비라서
뭘 어떻게 해야 할지도
모를 걸? 그냥 일하는
척이나 해.

앙겔라는 먼저 부서의 기강을 바로잡아야 한다고 생각했습니다. 앙겔라는 사무소장을 해임했습니다.

뭐야? 소장님 해임되었잖아.

이런……

내가 왜 해임되어야 합니까? 장관께선 동독에서 살다 오셔서 잘 모르나 본데 여긴 자유주의 사회입니다. 윗사람을 얼마든지 비판할 수 있다고요.

뭔가 착각하시는 것 같군요, 소장님.

뭐라고요?

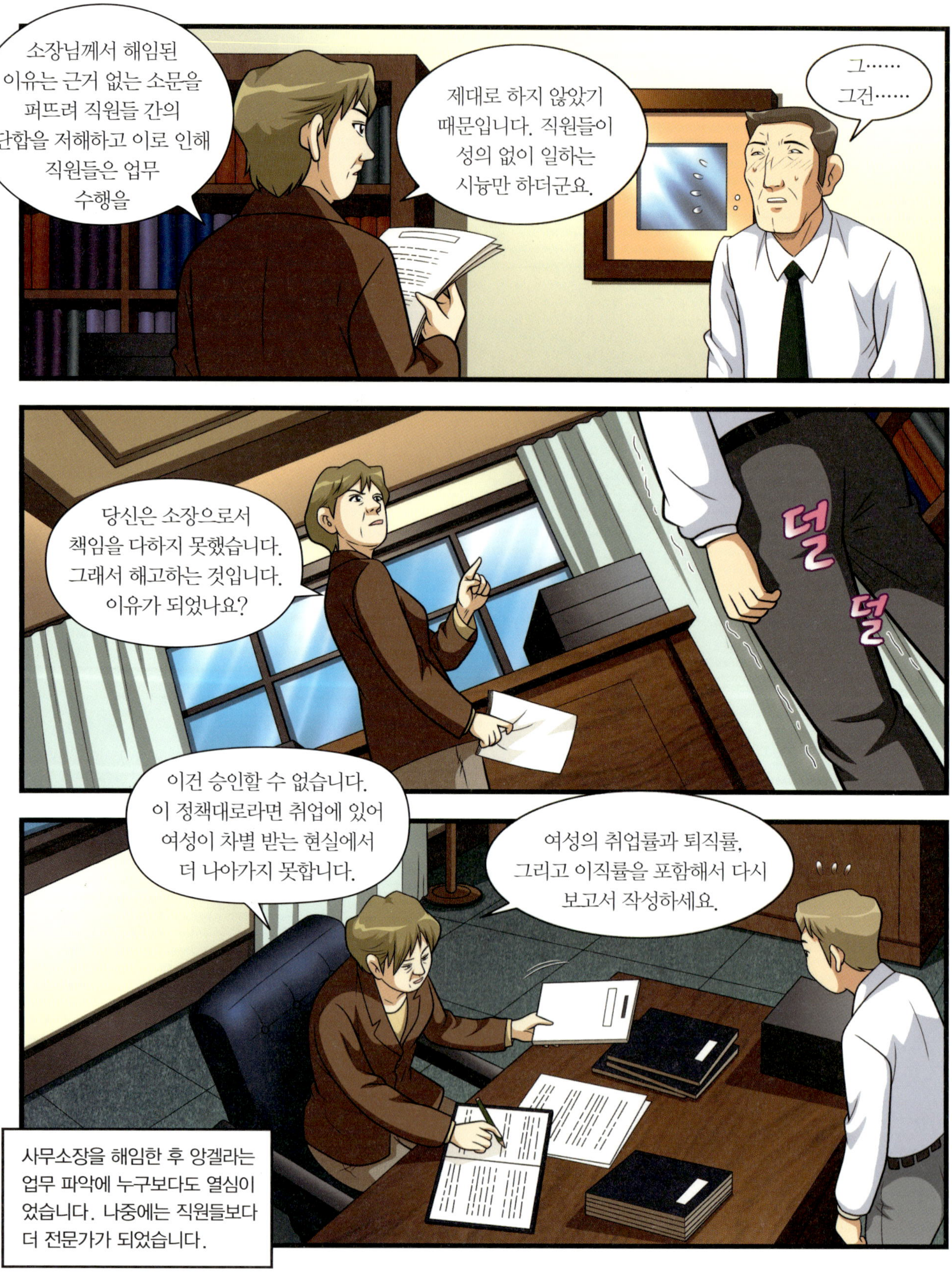

소장님께서 해임된 이유는 근거 없는 소문을 퍼뜨려 직원들 간의 단합을 저해하고 이로 인해 직원들은 업무 수행을

제대로 하지 않았기 때문입니다. 직원들이 성의 없이 일하는 시늉만 하더군요.

그……
그건……

당신은 소장으로서 책임을 다하지 못했습니다. 그래서 해고하는 것입니다. 이유가 되었나요?

덜
덜

이건 승인할 수 없습니다. 이 정책대로라면 취업에 있어 여성이 차별 받는 현실에서 더 나아가지 못합니다.

여성의 취업률과 퇴직률, 그리고 이직률을 포함해서 다시 보고서 작성하세요.

사무소장을 해임한 후 앙겔라는 업무 파악에 누구보다도 열심이었습니다. 나중에는 직원들보다 더 전문가가 되었습니다.

더 이상 직원들은 앙겔라를 무시할 수 없게 되었습니다. 그러자 빠르게 여성 청소년부의 기강이 잡히고 업무에 속도를 더하게 되었습니다.

일에 대해 잘 모를 거라고 생각하고 대충했는데 장관님이 빈틈이 없어.

나도 유치원 교육 복지에 대해서 조사하라는 지시를 받았어. 엄청 꼼꼼하셔.

앙겔라는 그 후 낙태 문제, 취업에 있어 양성평등법, 3세 이상의 유치원 교육 보장, 청소년 보호법, 여성실업 등 많은 문제를 해결하였습니다. 그 결과 앙겔라는 일약 정치권의 샛별로 떠올랐습니다.

앙겔라 메르켈의 정치 업적

하나 경제 위기의 극복

독일에는 1970년대부터 단축 노동 프로그램이 시행되고
있었습니다. 단축 노동 프로그램은 노동 시간 50% 단축하면
임금의 최대 30%까지 정부에서 지원해 주는 제도입니다.
앙겔라가 이끄는 독일 정부는 2008년 세계 금융 위기가
오자 2009년 2월 이 제도를 확대 개편하여 일자리 나누기를
적극 추진하였습니다. 그리하여 실업률을 오히려 낮추고
고용이 늘어나는 놀라운 결과를 가져왔습니다.
원래 단축 노동 프로그램은 기업 노동자의 3분의 1

노동 시간 단축은 일자리를 늘이는 효과를
가져왔다

이상이 노동 시간 단축에 참여해야 지원을 신청할 수
있었지만, 개편 후 단 한 명만 참여해도 기업의 임금 지원
신청이 가능하게 되었고 정부의 임금 지원 기간도 6개월에서
24개월로 늘렸습니다.
이 제도로 인해 노동자는 근로 시간이 줄어 여유 있는 생활을
할 수 있게 되었고, 노동 시간이 줄어 급여는 줄었지만
나라에서 임금 지원이 나왔기 때문에 그리 삶이 고단하지는
않았습니다.
기업은 정부 지원에 의해 급여로 지출하는 금액을 줄일 수
있었고 부족한 노동은 아르바이트로 충당할 수 있었습니다.
기업은 아르바이트 비용을 따로 책정해야 했지만 크게
부담이 될 정도는 아니었습니다. 때문에 젊은이들은 경제
위기임에도 불구하고 일자리를 구해 스스로 경제 생활을 할 수
있었습니다.
모두 조금씩 손해를 보았지만 경제 위기 때 누구도 직장을
잃지 않았습니다. 오히려 일자리가 늘어났습니다. 그 후 경제
위기를 극복한 후 노동 시간과 급여는 제자리로 돌아오게

됩니다. 이는 노사간 협의에 의한 양보와 합의, 그를 이끈
독일의 노동 정책이 맞물려서 얻어낸 결과였습니다.

2011년 3월 11일 일본 후쿠시마 인근에서
지진으로 인한 쓰나미가 발생하여 후쿠시마 원자력
발전소가 파괴되고 후쿠시마 인근에 방사능이 퍼져
나갔습니다. 후쿠시마는 죽음의 땅이 되었고 출입금지
지역으로 정해졌습니다. 또한 땅에는 방사능의
영향으로 괴생명체나 기이한 형태의 식물이 자라기
시작했습니다.

독일 브로크도르프 핵 발전소

막대한 방사능 피해를 세계인이 주목했는데 앙겔라
메르켈도 그 중 한 명이었습니다.
독일은 본래 원전 강국이었으나,
앙겔라 메르켈은 탈원전을 선언하고
'안전한 에너지를 위한 윤리위원회'를
구성하였습니다.
위원회는 오랜 여론 수렴 과정을 거쳐
2022년까지 독일 내 모든 원전을 폐기하기로
결정하였습니다.
2011년 독일은 단번에 17개의 원전 중 8기를
영구 중지했고 2016년에 1기를 중지시켜
현재 8기의 원전만이 남아 있습니다.

원전 반대 반핵 시위하는 독일

이는 독일 국민과의 사회적 합의가 있기에
가능한 일이었습니다.
원전을 폐쇄하면서 독일 내 전기료는 가정용이 23%, 산업용이
42% 가량 상승하였습니다. 즉, 전기료 인상을 감내하더라도
위험한 원전을 폐기하기로 결정한 독일인의 성숙한 의식이
바탕이 되었던 것입니다.

시리아 난민촌의 어린아이

독일로 가게 해 달라고
시위하는 시리아 난민들

셋 난민 포용 정책

2015년 9월 3일 시리아 내전으로 인해 시리아를 탈출하던
아일린 쿠르디라는 3살 어린아이가 해변에서 시체로
발견됩니다.

당시 유럽에는 시리아, 레바논 등에서 벌어지던 내전과 IS
테러를 피해 터전을 벗어나던 난민들이 많았습니다. 특히
시리아 난민들은 수십만 명에 달했습니다.

하지만 유럽의 나라들은 난민들을 수용하는 데 거부감을
가지고 있었습니다. 난민들을 수용하려면 막대한 자금이
들었고 또한 난민들에 의해 자국민의 일자리가 줄어들 수도
있기 때문이었습니다.

그러던 와중에 아일린 쿠르디의 사진이 전 세계에 알려지자
앙겔라 메르켈은 무제한으로 난민을 받아 2년 사이에 난민
백만 명을 받아들이는 파격적인 모습을 보여 줍니다.

앙겔라는 그 어떤 이유보다 인간으로서 인도주의가
중요하다고 생각했습니다. 앙겔라는 유럽 연합의 다른
나라들에게도 더 많이 수용할 것을 요구하며 인도주의적
가치를 전면에 내걸었습니다.

하지만 난민으로 인해 독일 젊은이들이 아르바이트
자리를 뺏기고 독일의 수용 능력도 한계에 다다르자 결국
2017년 10월 난민을 연 20만 명으로 제한하는 법안에
동의하였습니다.

여기에서 앙겔라는 난민을 조건 없이 포용하여 세상을
리드하는 국가의 모범적인 모습을 보여 주었다는 평가를
받았습니다.

넷 대연정

앙겔라가 집권하는 독일의 정치를 한
마디로 표현하면 대연정입니다.
앙겔라가 처음 총리에 선출된 2005년
독일은 '헝 의회'가 발생합니다.
헝 의회란 의원내각제에서 어떤 정당도
의회 과반수를 넘기지 못한 상태로,
이렇게 되면 집권당은 다른 당의 반대에
부딪혀 어떤 정책도 추진하기가 어렵게
됩니다. 때문에 '헝 의회' 상태에서는 정당
간 연합이 빈번하게 발생합니다.

기민당과 사민당의 대연정 합의

앙겔라 메르켈이 대연정을 해야 했던 이유 역시 여기에
있습니다.
하지만 앙겔라의 대연정은 성격이 조금 달랐습니다. 정당 간
합당이나 연합은 비슷한 성향을 가진 정당끼리 이루어지는데
앙겔라의 대연정의 대상인 기민/기사당과 사민당은 성향이나
정책 방향이 달랐습니다.
기민/기사당은 보수 정당이었고 사민당은 진보적인 성향을
띠고 있었습니다. 그러나 앙겔라는 당의 성향보다 정당의
정책을 소중히 생각했습니다.
사민당의 정책 중 좋다고 생각하는 정책들은 대거
받아들였는데 대부분 노동 정책이었습니다. 이렇게 성향이
다른 정당 간 대연정을 통해 정책을 공유하니 군이 정당을
구분할 필요가 없어졌던 것입니다.
이로 인해 앙겔라는 빠르게 국론을 모아 정책을 추진할 수
있었습니다.

1994년 앙겔라는 환경부 장관이 되었습니다. 이는 여성 청소년부에서 보여 준 그의 능력이 인정받았기 때문이었습니다. 하지만 여기서도 앙겔라는 순탄치 않았습니다.

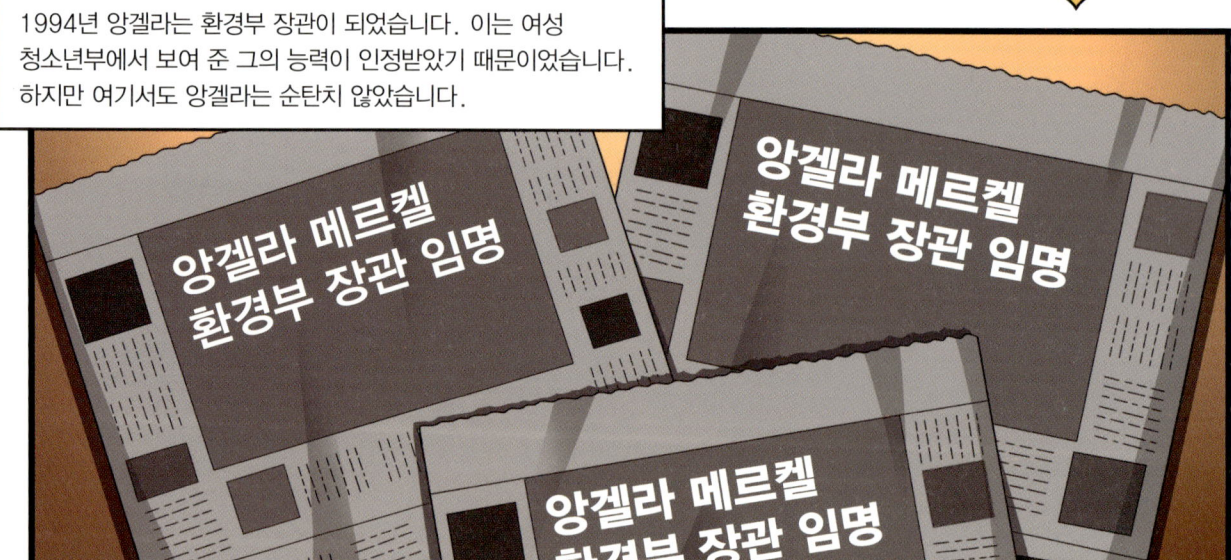

앙겔라 메르켈
환경부 장관 임명

앙겔라 메르켈
환경부 장관 임명

앙겔라 메르켈
환경부 장관 임명

전 환경부 장관 퇴퍼는 환경전문가로 환경단체와 시민들에게 절대적 지지를 받던 사람이었습니다. 하지만 앙겔라는 환경 쪽에 이렇다 할 경력이 없어서 사람들은 앙겔라를 의심했습니다.

환경이 뭔지는
아는 걸까?

여성 청소년부에선
잘 했다지만 환경과는 전혀
상관없는 사람이잖아?

ROYAL HOTEL

앙겔라를 비판하는 인물 중엔 환경전문가인 환경부 차관 슈퇴르만도 있었습니다.

장관께서 내놓는 환경 정책은 도저히 따를 수가 없군요. 조금이라도 환경에 대해 아신다면 그런 무모한 정책들은 내놓지 않을 겁니다.

환경오염을 방지하기 위해 여과기가 달린 자동차가 아니면 운행을 중단하자는 게 그렇게 이상한 정책인가요?

경제부나 교통부에서 반대하겠지요. 우선 저부터 반대하고요.

난 환경부 장관이고 이 나라의 환경이 좋아지는 일이라면 계속 주장할 겁니다. 내각회의에서 어떤 방식으로 결정이 나든 그건 그때 가서 생각해야죠. 미리 겁먹고 뒤로 물러설 필요는 없잖아요.

안 될 게 뻔하니까 드리는 말씀이죠.

도대체가 내가 하려는 일마다 건건이 반대시군요. 좋습니다. 나와 일하기 싫은 모양인데 해임해 드리지요!

휙

앙겔라는 콜 총리에게 건의해 슈퇴트르만을 해임시켰습니다. 여성, 청소년부에서 그랬던 것처럼 직원들은 바싹 긴장하기 시작했습니다.

그 무렵 유엔 기후 정상 회의가 베를린에서 열렸습니다. 환경부 장관으로서 능력을 의심받고 있던 앙겔라에겐 능력을 보여 줄 절호의 기회였습니다.

이거…… 의견 잘못 냈다가 잘리겠는 걸?

뭐 사실 장관의 말이 꼭 틀린 것도 아니잖아.

앙겔라는 유엔 기후 정상 회의 기간 동안 130여 개국의 대표를 만나며 그들의 의견을 조율했습니다.

하지만 아프리카는 꽤 청정하죠? 아직 개발이 필요한 나라인데 일괄적으로 선진국과 같은 매연 정책을 강요한다면 문제가 있죠.

우리가 하고 싶었던 말입니다. 기후 협약에서 각 나라의 사정을 봐 줬으면 좋겠어요.

각 나라의 이해 관계에 따라 130여 개국은 서로 다른 의견을 쏟아내었습니다. 앙겔라는 주최국 환경부 장관으로 2주 동안 잠도 제대로 자지 않고 각 나라의 대표단들과의 회의를 계속했습니다.

환경 파괴에 대해서는 각 나라에 따라 책임이 다를 수밖에 없습니다.

왜 우리나라가 더 많은 책임을 져야 하죠?

경제 발전을 추구하다가 환경을 등한시 한 책임이 다른 나라보다 크니까요.

매일 밤늦은 시간까지 치열한 난상토론을 펼친 앙겔라는 지쳐 쓰러지기 직전이었습니다.

부아아앙!!!

장관님. 동이 터 옵니다. 밤을 새셨는데 집에 모셔다 드릴까요?

환경부 집무실로... 가요. 일 해야 해요.

꾸벅 꾸벅

2주간 난상토론 끝에 마침내 유엔 기후 정상 회의에서는 온실가스를 줄여야 한다는 베를린 협약을 채택합니다.

2주간의 기후 정상 회의에 참여해 주신 각국의 대표단들께 감사드립니다. 지구 온난화를 막기 위해 온실가스 배출을 줄이자는 데 마침내 합의하였습니다.

이 일로 앙겔라는 자신의 능력을 보여 주며 정치적 입지를 다지게 됩니다. 집권당인 기민당 내에서도 앙겔라의 지명도는 점점 오르고 있었습니다.

아······ 그 콜의 양녀라고 비아냥 들던?

앙겔라 메르켈 알지? 능력 있더라고.

이제 콜의 양녀라고 아무도 비웃지 못할 걸세. 무슨 일을 시켜도 척척 해낸다니까.

3년 후. 1998년 정권을 잡고 있던 기민-기사당 연합이 선거에서 패배합니다.

저는 오늘로 총리직에서 물러납니다. 국민의 뜻을 겸허히 받아들이겠습니다. 지금껏 성원해 주신 국민 여러분께 감사드립니다.

기민- 기사당 연합의 선거 패배 이후 기민당 내에서는 선거전을 이끌었던 정치인들이 줄줄이 사퇴했습니다.

이번 선거에 책임을 지고 자리에서 물러납니다.

저도요.

저도.

새롭게 당이 개편되면서 콜은 명예총재가 되었고 쇼이블레가 당수가 되었습니다. 앙겔라는 사무총장으로 발탁되었습니다. 앙겔라가 당의 2인자가 된 것입니다.

기민당 전당대회

여러분의 선택이 필요합니다!

거 참, 앙겔라는 정치에 뛰어든 지 얼마 되지도 않았는데 당 사무총장까지 올라갔네.

어쩔 수 없지. 웬만한 사람들은 선거 패배 책임지고 다 사퇴해 버렸으니.

아니야.
앙겔라 메르켈이
여성 청소년부와
환경부에서 보여 준
능력은 탁월했거든.

그래도 콜의 양녀라는
별명이 있던데
혹시 뒤에서 콜이 다
조종한 거 아닐까?

그 무렵 콜 총리 시절 기민당의
재정담당 위원이었던 키에프가
경찰에 체포되는 일이 발생합니다.

전 재정담당 위원 키에프가
재임시절 100만 마르크의 뇌물을
받은 것이 확인되었습니다.
경찰은 키에프를
긴급체포했습니다.

키에프는 경찰 조사 과정에서 충격적인 진술을 쏟아내었습니다.

100만 마르크는
제가 쓴 돈이 아니라
정당 기부금으로
들어갔습니다.

키에프가 받은 뇌물이 기민당에 흘러 들어갔다고?

이건 비리 아닌가? 콜의 양녀라는 앙겔라도 알고 있었던 것 아냐?

앙겔라는 고민에 빠졌습니다. 콜이 은인이었지만 비리를 옹호할 순 없었습니다.

이건 옳고 그름의 문제야. 나는 옳은 일을 해야 해.

관련 서류를 다 뒤져봤지만 기민당 내로 들어온 돈은 없습니다. 분명히 이것은 콜의 비자금입니다! 콜이 총리로 재직하던 시절 만들어 놓은 비자금 통장으로 들어간 것입니다!

앙겔라는 연일 콜을 향해 맹공을 퍼부었습니다. 그 뿐만 아니었습니다. 기민당 당수인 쇼이블레 역시 10만 마르크를 뇌물로 받았다는 사실이 알려졌습니다.

기민당은 다시 태어나야 합니다. 뇌물이나 받는 늙은 남자들이 이 당을 더 망가뜨리지 않게 해야 합니다!

기민당을 개혁해야 합니다. 그래야만 다시 한 번 독일 국민이 우리가 나라를 이끌 기회를 줄 것입니다.

앙겔라 메르켈 말이야. 콜의 양녀라고 하더니 제일 격렬하게 콜을 비판하던 걸?

무척 청렴해. 기민당에서 요직을 차지한 사람 중에 뇌물을 받지 않은 건 앙겔라 메르켈 뿐이야.

앙겔라의 행동은 독일 국민의 시각을 바꾸어 놓았습니다. 그는 2004년 4월 기민당의 당수가 되었으며 2005년 9월 18일. 독일 총선에서 승리하며 독일의 총리가 되었습니다. 독일 최초의 여성 총리였습니다.

순탄할 것처럼 보였던 앙겔라에게 위기가 닥쳤습니다. 2008년 미국에서 시작된 세계 금융 위기였습니다. 정부 간섭보다 시장경제에 맡긴다는 신자유주의 경제 체제가 무너지며 잇달아 회사가 도산하고 문을 닫는 등 심각한 위기였습니다.

앙겔라는 유럽 금융 위기를 타파하기 위한 회의를 주도했습니다. 유럽을 살리기 위해 경제적 지원을 아끼지 않았습니다.

우선 독일이 중심이 되어 이 위기를 타파해 나가겠습니다. 유럽 중앙 은행에 자금을 지원하겠습니다.

이렇게 앙겔라는 자연스럽게 독일을 유로존의 리더로 만들었습니다. 그와 동시에 앙겔라 본인도 유럽을 대표하는 세계적인 리더에 올라섰습니다.

2011년 3월 11일 일본 후쿠시마에 쓰나미와 진도 9의 강한 지진이 발생했습니다.

쓰나미는 후쿠시마의 원자력 발전소에 타격을 주었고,

원자력 발전소가 파괴되자 방사능이 유출되어 후쿠시마 일대는 죽음의 땅으로 변했습니다.

이 일은 원자력 발전을 옹호하던 앙겔라를 변화시켰습니다. 의회 연단에 선 앙겔라는 원자력 발전소를 폐쇄할 것을 선언했습니다.

후쿠시마의 재앙을 보며 생각이 바뀌었습니다. 가장 중요한 것은 안전입니다.

그런 앙겔라는 독일인들의 사랑을 받으며 연거푸 네 번 총리에 당선되었습니다.

2015년 3월. 앙겔라는 일본을 방문해 강연장에서 일본의 역사 왜곡에 대해 따끔하게 질책하기도 하였습니다.

전후 70년을 맞은 일본이 역사 문제로 인해 중국 및 한국과의 갈등을

어떻게 극복해야 하는지 비슷한 역사를 공유한 독일 총리의 입장에서 말씀해 주시겠습니까?

역사를 마주보아야 합니다. 독일은 지난 과거의 잘못에 대해 진심으로 사과하였고

주변국들은 관용을 보여 주었습니다. 일본은 우선 위안부 문제를 조속히 해결해야겠지요.

앙겔라 메르켈. 그는 여야를 구분하지 않고 좋은 정책은 모두 수용했고 금융 위기 때 독일을 유럽의 리더로 만들었습니다. 또한 독일의 안전을 생각해 원전을 모두 없애겠다고 약속했고 여느 독일인처럼 축구를 사랑합니다. 국가 지도자로서의 강직한 성품과 서민 같은 친근함을 동시에 갖춘 앙겔라 메르켈은 연거푸 네 번 총리에 당선되었습니다. 아직 그의 인생은 끝나지 않았지만 이미 그는 역사 속에 자리해 별처럼 반짝이고 있습니다.

어린이
생각 마당

어린이 친구들 안녕?
앙겔라 메르켈 이야기,
모두 재미있게 읽었나요?

그렇다면 이제부터 앙겔라 메르켈이
꿈을 키워 가는 과정을 함께 되짚어 보며,
그가 활동한 분야와 그 분야에 속한 다양한 직업에 대해
살펴봐요!

또한 여러분에게는 어떤 장점과 적성, 가능성이 숨어 있는지
찾아보면서 그것을 어떻게 진로와 연결시킬 수 있는지에
대해서도 알아봅시다!

그럼 지금부터 여러분이 멋진 꿈을 향해 나아갈 수 있도록
도와줄 진로 탐색을 시작해 볼까요?

앙겔라 메르켈의 발자취를
살펴보면서 무엇을 느꼈나요?
평범한 삶이 어떤 과정을 거쳐
세계적으로 주목받는 삶이
되었는지 주목해서 보세요.

배우고 싶은 언어가 있나요?

앙겔라 메르켈은 어려서부터 러시아어에 능통했어요.

러시아어 경시대회에 나가 우승할 정도로 실력이 좋았답니다.

현재 앙겔라 메르켈은 독일어 외 러시아어와 영어를 원어민 수준으로 구사해요.

여러분들이 배우고 싶은 언어가 있나요? 함께 생각해 봐요.

* **배우고 싶은 언어**

* **배우고 싶은 이유**

* **외국어를 잘 하기 위해 내가 해야 할 일**

어떤 지도자가
되고 싶나요?

위인 중에는 훌륭한 지도자들이 많아요.
세종대왕, 링컨, 처칠, 비스마르크, 앙겔라 메르켈 등.
여러분은 어떤 지도자를 닮고 싶나요?

✳ **닮고 싶은 지도자**

✳ **닮고 싶은 이유**

✳ **어떤 지도자가 되고 싶나요?**

어떤 나라에 가고 싶나요?

앙겔라 메르켈은 동서독의 정서를 모두 알고 있어서 독일이 통일 된 후 빨리 안정시킬 수 있었어요.

글로벌 리더가 되려면 세계 여러 나라들의 문화와 정치를 알아야겠죠?

여러분은 어떤 나라에 가고 싶은지 생각해 봐요.

가고 싶은 나라	이유
1.	
2.	
3.	
4.	

이럴 땐
어떻게 할까요?

자, 이제 앙겔라 메르켈 같은 글로벌 리더가 되기 위해 여러 위기 상황의 문제들을
풀어 봐요.
조금 어려울 수도 있어요.

현안	나라면 이렇게 할 거야.
선거가 끝났는데 내가 속한 당이 꼴찌를 했어요. 이럴 때 정치를 계속 이어나가기 위해 어떻게 해야 할까요?	
노동자들이 너무 긴 근로 시간으로 힘들어 해요. 하지만 근로 시간을 줄이면 급여가 줄어들어요. 이 문제를 어떻게 해야 할까요?	
리더로서 지시를 내리는데 부하직원이 말을 듣지 않아요. 이럴 때 어떻게 해야 할까요? 해고하지 않고 문제를 해결해 봐요.	

목표를 이루려면
어떻게 해야 할까요?

여러분이 글로벌 리더가 되어 큰 업적을 이루고 이름을 남기기 위해서는 앞으로 어떤
목표들을 세워야 할까요? 또한 그 목표를 이루려면 어떻게 해야 할까요?

	목표	목표를 위해 해야 할 일
10년 후		
20년 후		
30년 후		
40년 후		

가까운 곳에서
세계를 느낄 수 있어요!

글로벌 리더가 되려면 해외에 나가서 세계를 느끼고 오는 것이 필요할 거예요.
하지만 해외로 나가기는 쉽지 않지요. 하지만 걱정할 필요 없답니다. 우리나라와
외교 관계를 맺은 나라들은 모두가 대사관, 영사관, 문화원을 통해 자기 나라를
알리기 위한 노력을 하고 있기 때문이지요.
멀리 가지 않고도 세계를 체험해 볼 수 있답니다.

대사관

대사관은 대사가 주재국에서 직무를 보는 기관이에요. 보통 주재국의 수도에
자리잡고 있으며 국가를 대표하면서 외교 활동의 거점이 되는 곳이지요.
대사관은 사증과 증명서를 발급하고 자국민을 보호하며 문화 교류 활동, 타국 정보
수집 활동, 국제 회의와 교섭 준비 등의 업무를 주로 하지만 자기 나라를 알리기 위해
노력 역시 많이 하고 있어요.
독일 대사관의 경우 아래와 같이 한국어로 된
독일 소개 사이트를 개설했답니다.
https://www.tatsachen-ueber-
deutschland.de/ko

각국의 문화를 알릴 수 있는 공연을 열기도
해요.

문화원

문화원은 문화 관계와 교육 기회를 위해 각
나라에서 만든 국제기관입니다.
문화원에서는 자신의 나라를 소개하거나
강좌를 개설하고 작은 축제와 공연, 파티 등을
열어 자기 나라를 더욱 가깝게 느낄 수 있는
일들을 하고 있어요.
독일 문화원 홈페이지는 다음과 같습니다.
https://www.goethe.de/ins/kr/ko/
index.html

자기 나라를 알릴 수 있는 강좌도 많이 열어요.

앙겔라 메르켈

1954년 1세	서독 함부르크에서 태어나 동독으로 이주했습니다.
1972년 19세	베트남을 위한 학예회에서 영어로 노래를 부르고 징계를 받았습니다.
1977년 24세	라이프치히 대학에서 물리학 전공하고 울리히 메르켈과 결혼하였습니다.
1978년 25세	베를린 과학 아카데미 산하 물리 화학 연구소에서 근무를 시작합니다.
1982년 29세	남편과 이혼합니다.
1989년 36세	통일 독일 대비하기 위해 탄생한 정당 민주변혁에 가입합니다. 그 후 민주변혁의 대변인이 됩니다.
1990년 37세	12년간 다녔던 직장을 그만두고 본격적으로 정치에 뛰어듭니다. 민주변혁은 선거에서 패배했으나 합당을 통해 로타어 데 메지에르 정권의 부대변인이 됩니다. 10월 3일 동독 지역에서 독일의 통일을 발표합니다.
1991년 38세	통일 독일의 헬무트 콜 정부 여성 청소년부 장관이 됩니다. 최연소 장관이었습니다.
1994년 41세	환경부 장관으로 유엔기구 정상회의를 성공적으로 주도합니다.
1998년 45세	콜과 기민당 내의 비리를 비난하며 여성 최초 기민당 사무총장이 됩니다. 당내 2인자의 자리였습니다. 요하임 자우어와 재혼합니다.

2000년 47세	동독 여성 최초로 기민당 당수에 취임합니다. 당내 1인자가 되었습니다.
2005년 52세	독일의 총리가 됩니다. 첫 동독 출신 총리이자 첫 여성 총리입니다. 2차 세계 대전 이후 최연소의 독일 총리였습니다.
2009년 56세	2008년 경제 위기 이후 사민당의 노동 정책을 확대하여 경제 위기를 극복합니다.
2011년 58세	일본 후쿠시마에서 발생한 쓰나미와 그로 인한 원자력 발전소 파괴를 보고 탈원전을 결정합니다. 그해 17기 중 8기를 가동 중단시킵니다.
2015년 62세	일본에 가서 일본 수상 아베와의 공동 질의응답 중 위안부 문제에 대한 질문을 받고 일본 정부의 진심 어린 사과와 위안부 문제의 우선 해결이 있어야 한다고 말해 아베를 당황시켰습니다. 아일린 쿠르디 사건 이후 난민 포용 정책으로 무제한적인 난민을 받아들입니다.
2017년 64세	네 번째 총리에 당선되어 연임을 이어가고 있습니다.

교과
연계표

who?	초등학교 교과서		
김연아	체육	4학년	1. 활기차고 튼튼하게
	도덕	6학년	10. 참되고 숭고한 사랑
류현진	도덕	3학년	8. 자랑스러운 대한민국
박지성	과학	3학년 1학기	1. 우리 생활과 물질
유재석	도덕	3학년	6. 감사하는 생활
	국어	4학년 2학기	8. 정보를 나누어요
	사회	5학년 1학기	4. 우리 사회의 과제와 문화의 발전
일론 머스크	과학	4학년 2학기	4. 지구와 달
리오넬 메시	사회	6학년 2학기	3. 세계 여러 지역의 자연과 문화
우사인 볼트	과학	5학년 2학기	3. 물체의 빠르기
강수진	체육	4학년	4. 표현 활동
안철수	사회	6학년 2학기	2. 이웃 나라의 환경과 생활 모습
문재인	사회	6학년 2학기	1. 우리나라의 민주 정치
			2. 이웃 나라의 환경과 생활 모습
손석희	사회	5학년 1학기	4. 우리 사회의 과제와 문화의 발전
	국어	6학년 1학기	5. 사실과 관점
노무현	사회	5학년 1학기	3. 우리 경제의 성장과 발전
			4. 우리 사회의 과제와 문화의 발전
김대중	사회	6학년 1학기	2. 근대 국가 수립을 위한 노력과 민족 운동
		6학년 2학기	1. 우리나라의 민주 정치
박종철 · 이한열	사회	6학년 2학기	1. 우리나라의 민주 정치
이승엽	체육	5학년	3. 경쟁 활동

※ who? 스페셜 시리즈는 계속 출간됩니다.

who?

who? 스페셜

화려하게만 보이는 스타들의 뒤에는 어떤 노력과 인내가 있었을까요?
아이들이 가장 만나고 싶고, 닮고 싶어 하는 현대 인물들을 만나 보세요!

김연아 / 류현진 / 박지성 / 유재석 / 일론 머스크 / 리오넬 메시 / 우사인 볼트 / 강수진
안철수 / 문재인 / 손석희 / 노무현 / 김대중 / 박종철·이한열 / 이승엽 / 앙겔라 메르켈
손흥민 / 시진핑 / 김순권 / 추신수 / 박항서 / 노회찬 / 조성진 / 봉준호
알렉산더 플레밍 / 루이 파스퇴르 / 이종욱 / 도티

※ who? 스페셜 | 188×255mm | 각 권 200쪽 내외
※ who? 스페셜 시리즈는 계속 출간됩니다.